Über den Autor

Matthias Schmitz arbeitet zusammen mit seiner Frau als Beziehungscoaches. Seine Erfahrungen sammelte er aus den 24 Jahren innerhalb dieser Ehe und außerhalb der Ehe von Wissenschaftstheorie bis Informatik und vom Fließband bis zum Vorstandsmitglied einer AG. Er ist 51 Jahre alt, was man ihm aber selten ansieht.

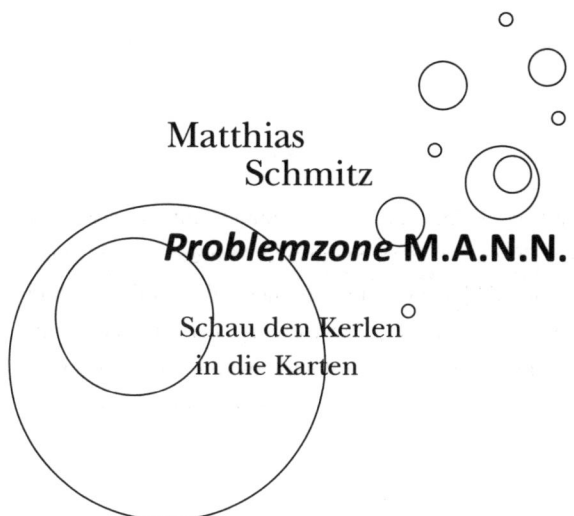

Matthias
Schmitz

Problemzone M.A.N.N.

Schau den Kerlen
in die Karten

KÖNIGSFURT-URANIA

Originalausgabe
Krummwisch bei Kiel 2008
Copyright © 2008 by Königsfurt-Urania Verlag GmbH,
D-24796 Krummwisch, www.koenigsfurt-urania.com
Umschlagfoto: Birgit Volkmann, Volkmann Design
Umschlaggestaltung: Weiss, Zembsch und Partner,
Werkstatt München
Redaktion: Jennifer Lorenzen-Peth
Satz und Layout: Jessica Quistorff
Druck und Bindung: CPI Moravia
Printed in EU
ISBN 978-3-86826-105-9

 **Inhalt**

Für meine Mutter

Johanna Schmitz

in Liebe und Dankbarkeit

WOMEN ONLY

Liebe Leserin, und diesmal nicht «Lieber Leser». Denn dieses Buch ist entstanden aus einer Kolumne, die für Frauen geschrieben wurde und nicht für Männer, dafür aber von einem Mann. Es behandelt ein Thema, für das sich Männer ohnehin nicht interessieren: «Liebe und Partnerschaft», jedenfalls ein Thema, über das sie freiwillig nichts lesen würden. Interessiert sie das Thema nicht? Weit gefehlt.

Für Männer gibt es sogar kein wichtigeres Thema als «die Frauen».

Die Frauen sind das Wichtigste! Alle anderen Themen wie Erfolg, Macht, Reichtum, Fitness, Ruhm etc. sind Nebenschauplätze. Sehen Sie sich das Verhalten von Männern an, deren Tun öffentlich beobachtet wird: Bill Clinton (Erfolg, Macht – Hauptthema: «Monica»), Onassis (mächtig und reich – Hauptthema: «Jackie») oder Olli Kahn (berühmt und fit – Hauptthemen: ?? zu viele Namen). Das sind nur Beispiele, die mir jetzt gerade in den Sinn kommen, an denen sich aber zeigt, wie sehr dieses Thema das Leben eines Mannes beherrscht.

Anders ausgedrückt: «Warum müssen sich die Frauen allein um das Thema Beziehung kümmern?» Die Antwort lautet: Ein Mann leidet sehr rasch an dem Widerspruch von körperlicher Potenz (Kraft) bei gleichzeitiger seelischer Inkompetenz (Angst). Ersteres wird ganz deutlich gespürt, Letzteres nur dunkel vermutet. Das haben wir nicht «im Griff» und darüber zu reden, wäre ein Eingeständnis dieser Inkompetenz. Frauen haben damit kein Problem und sie reden mit mir darüber.

Bei diesen Gesprächen, bei denen ich übrigens auch Karten zu Hilfe nehme – daher der Untertitel: Schau den Kerlen in die Karten – habe ich nun festgestellt, dass es offensichtlich etwas anderes ist, wenn ein Mann eine Frau berät. Aus den Karten, die ich dann auf eine Beziehungsfrage lege, entnehme ich die Zeitqualität und die Disposition des Mannes. Das mag bei einem männlichen oder weiblichen Kartenleger auch noch sehr ähnlich herauskommen. Aber die Erklärungen und Vorhersagen aus männlicher Sicht scheinen verschieden auszufallen. Erst recht, wenn es danach um das künftige Verhalten geht.

Dabei ist es hilfreich, die Hintergründe dieses Verhaltens zu verstehen. Dazu habe ich in

den verschiedenen Folgen der Kolumne etwas erzählt, die sie hier zusammengestellt finden. Erst einmal wird es dabei um das Erklären
gehen, nicht um das Verstehen. Was ist der
Unterschied? Nun, beim Erklären werden Ur-
sachen und Auswirkungen geschildert, beim
Verstehen wird die Frage nach dem Zweck,
nach dem Sinn gestellt. Das führt zu der ei-
genartigen Konsequenz, dass man die Männer zwar erklären kann, sie aber nicht verstehen muss.

> **Männer kann man zwar erklären,**
> **muss sie aber nicht verstehen.**

Man kann also nachvollziehen, was sie tun,
aber man muss es deshalb nicht gut finden. Es
geht auch nicht um Rechtfertigung, sondern
darum, Verständnis zu wecken für ein Verhalten, das aus erklärbaren Strukturen entstanden ist.

Das hat jetzt einen Vorteil und einen Nach-
teil. Der Vorteil ist offenbar: Wenn eine Erklärung etwas taugt, macht sie auch etwas vor-
hersagbar und damit beeinflussbar. Nicht
schlecht, wenn man einen etwas störrischen –
pardon: schwierigen – Partner hat. Der Nach-
teil ist allerdings folgender: Die Erklärung
kann politisch nicht korrekt sein und sie kann

nicht wissenschaftlich bewiesen werden. Letzteres mag ja verschmerzbar sein. Das Erstere könnte aber vielleicht für die eine Leserin eine Zumutung sein, während es für die andere unwichtig ist.

Politische Korrektheit ist etwas Wunderbares,

die setzt aber voraus, dass Männer und Frauen ununterscheidbar sind. Das bringt uns hier nicht weiter. Ebenfalls nicht, wenn wir nur wissenschaftlich Erwiesenes akzeptieren. Wissenschaft ist nur der aktuelle Stand des kollektiven Unwissens. Noch vor wenigen Jahren glaubte(!) jeder Physiker an einen Äther im Weltall und dass Licht eine Welle sei. Es ist also so eine Sache mit den Kulturleistungen.

Immerhin, man kann ein glückliches und erfülltes Leben führen, ohne politisch korrekt und wissenschaftlich unwiderlegbar gewesen zu sein, wenn man es schafft, einander zu verstehen. Ich hoffe, dazu etwas beitragen zu können.

Fünf Ängste braucht ein Mann

Vom Konzept her sind wir Männer Helden, wir sind cool, haben alles im Griff, steuern unsere Geschicke. Es ist zumindest unser Anspruch, dass es so ist. Deshalb sind wir schnell gereizt, wenn wir mit Situationen konfrontiert werden, die diesem Anspruch nicht genügen. Denn die tiefer liegende Wahrheit lautet:

> **Wir haben Angst – und davon jede Menge**

Bevor ich nun alle Ängste aufzähle und womöglich noch eine Angst übersehe (auch hier lauert schon die erste Angst: Die Angst des Autors vor dem Einwand), beschränke ich mich auf die wichtigsten fünf Ängste, in der Reihenfolge ihrer Wichtigkeit. Wir gehen dabei so vor, dass wir mit der schwächsten beginnen und mit der alles dominierenden, wichtigsten Angst enden. Wir beginnen mit der fünften Angst:

> **Die Angst des Mannes vor der Unübersichtlichkeit**

Damit ist nicht die Unordentlichkeit gemeint – damit haben wir meistens keine Probleme –, sondern die Angst vor Konsequenzen, die wir nicht einschätzen können.

Warum sind Ängste wichtig und warum haben so viele Männer davon so viele? Die Antwort darauf kann man sich plausibel machen, wenn man überlegt, dass alles, was im Laufe der Jahrmillionen einen Vermehrungsvorteil hatte, sich auch stärker vermehrt hat. Versetzen wir uns für einen Augenblick zurück in steingraue Vorzeit, wo kleine Horden hungrig-grimmiger Männer auf der Suche nach Nahrung durch die Gegend streiften. Hin und wieder passierte es dabei, dass die Jungs von den rivalisierenden Horden ihren Weg kreuzten und es handfesten Ärger gab. Oder ein fettes Mammut kam in Sicht, wollte sich aber nicht kampflos schlachten lassen. In beiden Fällen kam es also zum Gerangel. Und dabei werden sich Beherzte, Tapfere und weniger Tapfere herausgestellt haben. Die Mutigen kämpften folglich weiter vorne, da wo es gefährlich ist, und die weniger Mutigen weiter hinten zum Schluss, lieber etwas abwartend, dafür aber fluchtbereit. Früher oder später kam es dann, wie es kommen musste: Die, die vorne kämpften, wurden als Erste aufgespießt oder vom Mammut unglücklich zertrampelt.

Bei denen, die am weitesten hinten «kämpften», d. h. grimmig guckten und die Vorderen
anfeuerten, passierte jetzt folgendes:

Der Evolutionsvorteil «Angst»
setzte sich erfolgreich durch.

Die Feiglinge nutzten ihre Chance und flüch-
teten; zurück in die heimischen Höhlen zu
den Mädels unters Bärenfell.

Und was werden die da wohl gemacht haben? Antwort: «Kleine Feiglinge!» So kommt
es also, dass sich die Ängstlichen überpropor-
tional erfolgreich vermehren konnten. Angst
hat sich als Überlebensvorteil erwiesen. Man
verhungert eben nicht so schnell, wie man ver-
blutet. Diese Erkenntnis hat sich regelrecht
in den Erbanlagen eingraviert.

Das Problem ist nun, dass kein Mann mit
leeren Chromosomen geboren wird, auch
wenn ihr Verhalten nicht immer so wirkt. Da
stehen also Informationen drin, die sich bewährt und vermehrt haben, und diese Informationen werden auch abgerufen, allerdings
nicht nur in passenden Situationen. Diesen
Mechanismus des Abrufens darf man sich jetzt
nicht als komplexen Analyseprozess vorstellen, bei dem Informationen sorgsam geprüft
und verglichen werden. Solche Leute mag es

in der Vorzeit auch gegeben haben. Aber deren Überlebenschance und damit Vermehrungschance war eher gering. Denn plötzlich auftauchende Bedrohungen in einer schlecht vorhersehbaren Welt brauchen plötzliche und richtige Reaktionen, nicht aber langsame und sorgfältige Abfragen und Analysen unserer Erfahrungsdatenbank.

**Wer langsam denkt,
ist schneller tot.**

Was war also von Nöten? Ein Trigger, ein Auslöser. Und daran gekettet eine automatisierte Reaktion, eine Folge von Handlungen, die ohne Nachzudenken abläuft. Diese Technik hat sich als super effizient erwiesen. Jede Kohlmeise beherrscht diese Technik. Sie flüchtet erstmal, wenn man auf sie zugeht, selbst wenn man Futter bringt. Sie prüft nicht zuerst, ob gute oder schlechte Absicht vorliegt. Flucht ist gut. Das hat sich bewährt. Auch bei uns. Zoologisch gesehen gehören wir mangels Kampfgebiss und Muskelkraft nämlich zu den Fluchttieren. Damit das aber auch schnell und automatisch passiert, musste das Gehirn weitgehend ausgeschaltet und hoher Blutdruck zügig eingeschaltet werden. Dafür hat sich die Natur einen Trick mit der Angst einfallen lassen: Den sprunghaften Übergang in die Panik. Da uns Angst, meist in Form von Unsicherheit, ständig begleitet, muss sie bei vermuteter Gefahr so gesteigert werden, dass eine Diskussion mit sich selbst, ein Überlegen ausgeschaltet wird – also die sprunghafte Wandlung in Panik. Und jetzt geht es los: Panikartige Angst wirkt auf die Nebennieren. Nebennieren schütten Adrenalin aus. Adrenalin wandert in die Blutbahn. Blutdruck schießt nach oben, presst Adrenalin in alle Muskeln, Muskel zuckt und Muskulatur macht Bewegung. Fazit: Wir hauen ab.

> **Angst ist also handlungsauslösend.**
> **Nur um es vorweg zu nehmen:**
> **Liebe ist es nicht.**

Liebe ist nicht handlungsauslösend! Liebe wirkt auf Neurotransmitter, die sitzen im Gehirn und dort gibt es keine Muskeln, also auch kein Handeln. Liebe kann uns träumen lassen, schwelgen oder schmachten lassen, aber mutiges Tun, entschlossene Bewegung, Aktion, all das wird nicht von ihr ausgelöst.

Aber erstmal zurück zur Angst. Jetzt kann man natürlich nicht sagen, die Natur habe sich ihretwegen etwas einfallen lassen. Natur sitzt ja nicht irgendwo im Schatten und grübelt. Vielmehr war es so, dass es wieder in der eingangs erwähnten Vorzeit solche und solche gab: schnell reagierende und langsam reagierende Männer. Vielleicht sind die Ersteren zu oft und unberechtigt geflüchtet, aber für die Letzteren reichte ganz sicher ein einziges Mal, bei dem sie zu langsam reagierten, um getötet zu werden und damit jede Chance auf weitere Vermehrung zu vertun. Die oft auch irrtümlich flüchtenden Männer hatten dagegen die vermehrungstechnisch bessere Strategie gewählt. Deshalb gibt es heutzutage auch so viele von denen. Man muss aber auch bedenken, dass die Zeiten der Unübersichtlichkeit sehr lange gedauert haben: hohes Steppengras, dichtes Unterholz, dunkle Wälder. Alles unübersichtlich. Da lauert Gefahr. Das schleift sich mit der Zeit ein. Deshalb mögen Männer keine unübersichtlichen Situationen. Das ist der Grund, warum Männer immer noch, sobald es unübersichtlich wird, nach den Gesetzen der Optik reagieren: Sie vergrößern den Abstand zum Problem, dann wird das Problem (scheinbar) kleiner, und das Gefühl von Sicherheit kann sich wieder entfalten.

Die Angst vor dem Verlust der Kontrolle

Liebe Leserin, in der letzten Kolumne habe ich über den Vorteil «Angst zu haben» geschrieben. Das angegebene Beispiel stammte zwar aus der Urzeit, deren Bedingungen man heute nicht mehr vorfindet. Die Welt ist aber nicht grundsätzlich anders geworden, nur komplexer und verfeinerter. Und damit haben sich unsere Urängste auch nur verfeinert und aufgefächert, nicht aber aufgelöst. Eine dieser verfeinerten Ängste ist die Angst des Mannes vor der Unübersichtlichkeit, oder anders ausgedrückt: die Angst vor dem Verlust der Kontrolle.

Eine typische Situation, die diese spezifische Angst beim Mann auslöst, ist folgende: Zwischen einer Frau und einem Mann entwickelt sich ein wechselseitiges Interesse. Der Mann hat Schritte auf die Frau zugemacht und zumindest keine Ablehnung erlebt. Das bestärkt ihn, vorsichtig weitere Schritte zu unternehmen, um die Beziehung zu entwickeln – aber alles mit angemessenem Tempo, also langsam. In der gleichen Zeitspanne passiert auf Seiten der Frau etwas anderes. Es hat ihr soweit alles gefallen, sie hat geprüft, gewogen und für gut befunden. Das heißt, sie hat eine positive Entscheidung getroffen und vermutet Ähnliches beim Mann. Völlig falsch. Er ist immer noch beim Vorantasten nach dem Leitprinzip: «Ich bin noch nicht so weit». Diese unterschiedliche Ausnutzung derselben Zeitspanne führt nun dazu, dass die Frau ungeduldig wird, weil entsprechend mutige, zielführende Schritte beim Mann noch nicht auszumachen sind. Die Frau erwartet aber solche und grübelt über eine Lösung nach.

Dann kommt ihr der fatale Gedanke: «Ich geh ihm auf halbem Weg entgegen».

Sie macht also Schritte der Ermutigung auf ihn zu, und was bekommt sie als Reaktion: Rückzug. Er zieht sich plötzlich, mit bis dahin völlig unbekannten Verhaltensweisen, immer mehr zurück. Erschrocken von der unerwarteten Bewegung weg von ihr, setzt sie dem Mann gut meinend nach, will etwas erklären oder auch nur klären ... – egal, es wird immer schlimmer. Er ist so gut wie weg.

Was war passiert? Ganz einfach: Der Mann erlebte den Verlust der Kontrolle, Unübersichtlichkeit der Situation trat bei ihm ein:

«Was will sie? Worauf läuft das Ganze noch hinaus? Was geschieht mit mir?» Bei Unübersichtlichkeit der Situation reagieren Männer aber nicht nach den Gesetzen der Tapferkeit, sondern nach den Gesetzen der Optik, d. h. sie vergrößern die Distanz zum Problem, und schon erscheint das Problem kleiner. Kleines Problem heißt: «Alles unter Kontrolle». Wir beherrschen die Situation wieder.

Sicherheit ist wichtiger als Glück!

Der Ursprung dieses Unbehangens liegt in der Dunkelheit bei Nacht. In all den Millionen Jahren vor der Beherrschung des Feuers hatten wir ausreichend Zeit, Unübersichtlichkeit als Angst einflößend zu erlernen. Jeder Rekrut bei der Armee lernt das, und zwar bei Neumond um Mitternacht im Wald. Dafür wird eigens eine Übung angesetzt. Man muss es mal erlebt haben: Man sieht die eigene Hand vor Augen nicht, man hat Angst, sich zu bewegen, weil man immer glaubt, ein kleiner Zweig befände sich unmittelbar in Augenhöhe vor einem. Und hinter einem könnte etwas Bedrohliches uns in den Rücken fallen. Es ist eine Urangst, absolut lähmend, gut gelernt und nicht vergessen.

Männer bevorzugen daher ganz automatisch den Aufenthalt in Ecken und Nischen. Stehen wir mit dem Rücken zur Wand, kann von da jedenfalls keine Überraschung mehr kommen, nur noch von vorne oder von oben. Das sehen wir aber rechtzeitig und können uns dann darauf einstellen. Also kein Verlust der Kontrolle. Es ist ein Automatismus, der ausgelöst wird. Das muss man sich klarmachen. Er reagiert nicht fluchtartig auf die ihm entgegengehende Frau, weil die plötzlich unattraktiv geworden ist. Er reagiert auf das Gefühl, er beherrsche sein Leben nicht mehr. Aus demselben Grunde gehen Männer auch nicht zum Arzt. Nicht weil sie Helden sind und Schmerzen ertragen können, sondern weil Ärzte etwas «verordnen», und wir damit die Kontrolle abgeben an jemanden, der es besser weiß, der uns auf Grund seiner Kompetenz womöglich etwas verbietet oder vorschreibt, dreimal täglich dies und das zu tun. Eventuell ein Leben lang. Deshalb ist es besser, gar nicht erst hinzugehen. Es ist eine Reaktion nicht auf eine Person, die uns gegenüber steht, sondern auf eine Hochrechnung in unserem Kopf.

Wie kann man das nun vermeiden? Wie muss sich eine Frau verhalten, damit so was nicht beim Mann ausgelöst wird? Ein Hilfsmittel sind Rituale. Der Vorteil des Rituals ist der, dass alle Beteiligten wissen, wo innerhalb des Ablaufs sie zur Zeit stehen und was als nächstes kommt. Das ist übersichtlich, das gibt Sicherheit. Jedes Balzritual gehört in diese Kategorie. Selbst dann, wenn die Frau sich schon längst für ihn entschieden hat, ist sie gut beraten, ihm die ganze Last der Eroberung aufzubürden. Ihm nicht entgegenzugehen! Er erlebt dann seine Schritte als kontrolliert, hat kleine Erfolge, macht dann größere Schritte, erlebt größere Erfolge bis er (!) sich dann eines Tages durchringt und sagt (ich zitiere): «Ich will ein Haus mit Dir!» Jetzt kann der Nestbau beginnen. Ende des Balzrituals. Situation kontrolliert.

Das also war Platz fünf der Männerängste. Beim nächsten Mal erzähle ich Ihnen etwas über die viert stärkste Angst, die Angst der Männer, etwas Unvergessliches zu tun.

Die ewige Furcht der Männer vor Konsequenzen

Liebe Leserin, ich erzähle Ihnen ja in dieser Reihe etwas über die seltsamen Ängste, die Männer anscheinend haben. Heute soll es um die Angst der Männer, etwas Unvergessliches zu tun, gehen. Vielleicht werden einige von Ihnen denken: «Angst, Angst, Angst, ich hör' schon nichts mehr anderes, also ob Frauen so was nicht hätten. Was ist da so spezifisch männlich dran?» Nun, Ängste sind sicherlich bei beiden Geschlechtern vorhanden, solange im Gehirn der Riechkolben mit der Amygdala kommuniziert. Wir alle haben ein sog. limbisches System, und das kontrolliert unser Angsterleben. Ziel der Angstreaktion ist es immer, einem erwarteten Schmerz auszuweichen. Nur die Reaktionen auf einen zu erwartenden Schmerz, der ja noch gar nicht eingetreten ist, fallen unterschiedlich aus – mit klarem Punktvorteil für die Männer, d. h. wir leiden bereits beim bloßen Gedanken an Schmerz und Unheil. Vor ca. 40 Jahren sind aus der Sicht des Mannes zwei solche Angst einflößende Katastrophen passiert: Das war zum einen die Einführung der Pille und zum anderen die Emanzipation. Frauen können seitdem bestimmen, ob sie schwanger werden wollen, von wem sie schwanger werden wollen und wie lange sie anschließend das Theater mit dem Erzeuger noch mitmachen wollen. Das alles ist neu, und zwar so neu, dass die Männer ihre tradierten Rezepte bei Beziehungsproblemen als Muster ohne Wert erleben.

Was früher ganz prima funktioniert hat: Machtwort, besser Machtgebrüll, strukturelle Macht (Geldhahn zudrehen) oder Verstoßungsdrohungen, das alles macht heute nicht mehr richtig Eindruck. Sogar krasse Fehlentscheidungen waren technisch kein Problem, da alle Betroffenen besser die Folgen erduldeten als den großen Entscheider zu kritisieren. Die Möglichkeiten, sich negativen Folgen durch Flucht, also Beenden der Beziehung, zu entziehen, waren damals ja eher begrenzt.

Das hat sich aber schneller gewandelt, als sich die Männer an die Veränderung angepasst haben. Deshalb gibt's jetzt ein Problem. Denn wenn Anpassung nicht gelingt, jedenfalls nicht so rasch, dann entsteht Unsicherheit, also Fehlen von Sicherheit, und Fehlen von Sicherheit ist Angst. Auf Angst gibt es im Wesentlichen aber nur drei Reaktionen: Flucht, Gegenwehr oder Lähmung.

Welche Variante wählt ein Mann denn nun, wenn er, bzw. sein limbisches System, Bedrohung riecht? Das wiederum hängt ganz davon ab, wie ihm die Bedrohung entgegenkommt. Nehmen wir noch einmal das Beispiel vom letzten Mal: Die Frau geht dem Mann auf halbem Weg entgegen, sie ergreift die Initiative in der Beziehung. Was registriert die Amygdala des Mannes: Art der Bedrohung «von vorne», Kategorie «räumlich», Mittel der Wahl «Flucht». Und wann reagiert ein Mann mit Lähmung? In fast allen anderen Fällen, in denen die Art der Bedrohung «zukünftig», also die Kategorie «zeitlich» ist.

Nehmen wir ein Beispiel: Ein Mann ist verheiratet, die Ehe ist inhaltlich zu Ende gelebt, er hat eine parallele Beziehung zu einer anderen Frau. Diese Beziehung erweist sich über die Zeit als erfolgreich, es entsteht Bindung. Allerdings verlässt er nicht die Ehefrau, um in der erfolgreichen Beziehung eine angemessene Struktur aufzubauen. Das führt dann auf Seiten der neuen Partnerin zwangsläufig irgendwann zu den Fragen: «Wie sieht er mich eigentlich? Was bin ich für ihn? Wie soll es weitergehen?» Diese für Frauen ganz logischen Fragen stellen sich von selbst und ganz natürlich. Nicht so für den Mann. Sobald diese Fragen auftauchen, sieht er nur, dass eine Handlung seinerseits Steine ins Rollen bringt, die sich eventuell zu Lawinen ausweiten, die dann seine Landschaft unkontrolliert verändern könnten ... und ob er das dann hinterher auch mag? Seine Kinder könnten ihm z.B. später vorwerfen, ihr eigener Misserfolg im Leben sei durch die Scheidung gekommen. Oder die neue Beziehung könnte scheitern, wenn sie erst einmal zusammenleben, der Exfrau könnte Elendes widerfahren, an dem dann alle ihm die Schuld geben etc. Und das ist der Knackpunkt. Er könnte Schuld sein und keiner wird es je vergessen. Da er heutzutage damit rechnen muss, dass er mit einem Vorwurf konfrontiert wird, den er ja durch die argumentative Kraft des Faktischen nicht abwehren kann, ist für ihn das logische Mittel der Wahl «Nichts tun».

Für ihn ist das logische Mittel der Wahl: Nichts tun!

Lähmung tritt ein aus der Angst des Mannes, etwas Unvergessliches zu tun, das unkontrollierbare Konsequenzen hat, und er ist Schuld daran, und zwar für den Rest seines Lebens. Dagegen wäre es sofort hilfreich, wenn die Ehefrau plötzlich fremdgeht. Dann kann er die Familie verlassen mit dem Hinweis, dass ja die Mutter etwas Unvergessliches getan hat und er «nur» Konsequenzen gezogen hat.

Diese Angst, etwas Unvergessliches zu tun, kommt eigentlich aus dem Verhalten der Männer untereinander, wenn sie eine Gruppe bilden. Wenn da einer etwas tut, das ihn zum Loser stempelt, wird er diesen Status nicht mehr los. Selbst spätere Erfolge machen Misserfolge, an denen er Schuld war, nicht vergessen. Es wird nie vergessen. Dieses «nie» bedeutet aber ewigen Schmerz, weil ja bereits die Schmerzerwartung weh tut. Diese Angst führt genauso im Verhalten von Männern untereinander zu dem Lähmungseffekt. Da hat man aber oft den Vorteil, dass man Gremien bilden kann, in denen abgestimmt wird, so dass keine allzu individuelle Schuld entstehen kann. In einer Beziehung geht das aber nicht.

Wenn Sie jetzt fragen, wann denn die dritte Variante gewählt wird, die Gegenwehr, lautet die Antwort: Wenn Flucht nicht möglich oder Sich-taub-Stellen (Lähmung) keinen Erfolg bringt. Damit kommen wir zur nächsten Angst, die für Männer einen noch größeren Schrecken darstellt: die Angst, eine Ja-oder-Nein-Entscheidung treffen zu müssen. Darüber dann mehr im nächsten Kapitel.

Der Horror für Männer:
Das klare Ja oder Nein

Liebe Leserin, «Gib mir Zeit! Ich muss nachdenken», sagte der Mann zu der Frau, mit der
er seit einiger Zeit eine nicht-feste Beziehung
hatte. Und sie gab ihm und wartete. Sie wartete lange, so lange, bis sie sich fragte: «Wie
muss ein Problem aussehen, über das ein
Mann monatelang grübelt? Wofür hat ein
Mann ein Hirn, wenn es keine Lösung produ-
ziert?» Mit dieser provokanten Frage möchte
ich Sie auf

eine kleine Exkursion
in ein (Männer-)Gehirn

mitnehmen. Also, wozu hat er eins? Nun, zum
selben Zweck, für den auch eine Frau ein Hirn
hat: zum Überleben, nicht zum Nachdenken.
Als Überlebensorgan wird es seiner Aufgabe
gerecht, wenn es bei neuen Situationen
schnell die richtige Antwort liefert. Erlebtes
wird nur in musterhaften Umrissen gespei-
chert. Zugleich wird es bewertet, und diese
Bewertung wird mit abgespeichert. Das ist der
geniale Trick dabei. Kommt Neues auf das

Hirn zu, wird zuerst nach passenden Vergleichsmustern gesucht und danach reagiert. Denn bei Gefahr gilt: Wer lange denkt, ist schneller tot. Eben ein Überlebensorgan.

Findet das Gehirn ein passendes Muster, liest es das Bewertungsetikett, das damals an das Muster geheftet worden ist. Wurde die Situation als «angenehm» abgespeichert, wird die augenblickliche Situation auch als «angenehm» bewertet, und es folgt «weitere Annäherung». Andernfalls reagieren wir mit Flucht. Zumindest mit Fluchtversuch. Der ganze Vorgang dauert nicht einmal eine halbe Sekunde. Die Sache hat nur einen Haken. Dieses «richtig» ist ein rein gefühlsmäßiges, aber kein logisches Urteil. Beantwortet wird also nur die Frage: «Ist es mir angenehm?» oder «Bringt es mir einen Lustgewinn?» Unbeantwortet bleibt die Frage, ob man die Situation korrekt beurteilt hat, also ob es überhaupt so ist, wie wir es wahrnehmen, ob es sinnvoll, langfristig vorteilhaft oder einfach nur klug ist. Dafür müsste das Gehirn als Erkenntnisorgan eingesetzt werden, was aber erhöhten Energieverbrauch bedeutet. Jeder kennt das, wenn er sich konzentrieren muss. Die erste gespürte Reaktion darauf ist Unlust. Seltsamerweise gibt es jetzt bei Männern bestimmte Erkenntnisfragen, die nicht nur Unlust, sondern vielmehr Angst auslösen, also Furcht vor etwas, das noch nicht eingetreten ist. Dabei ist die schlimmste Frage die, auf die nur die kürzeste Antwort zugelassen ist und die die weitreichendsten Folgen hat: die Ja-oder-Nein- Frage. Wenn Sie einen Mann erschrecken wollen, dann stellen Sie ihm genau so eine Frage: «Treffen wir uns am Samstag?», «Soll ich links abbiegen?», «Liebst Du mich?» Weil die Antwort kurz, die Folgen aber lang sind, vermeidet ein Mann automatisch die Antwort mit «Ja» oder «Nein». Eine solche Frage müsste sorgfältig auf ihre möglichen Konsequenzen durchdacht werden. Das kostet aber erhöhte Energie und erzeugt damit Unlust. Also versucht man erst einmal, der Frage auszuweichen. Es gibt übrigens nur eine Ja-Nein-Frage, die Sie nie zu stellen brauchen, weil immer ein «Nein» folgt, nämlich die Frage «Hast Du Dich entschieden?» Übertragen Sie das mal auf eine Beziehungssituation, wo ein Mann zwischen zwei Frauen steht. Sie ahnen wahrscheinlich schon das Unheil einer solchen Frage.

Männer sind die schlechtesten Ja-Nein-Entscheider, die es gibt.

Selbst in der Wirtschaft oder Politik meiden sie solche Situationen. Stattdessen gründen sie erst mal ein Gremium oder einen Ausschuss. Der Vorteil liegt auf der Hand: Statt einer binären Entscheidung entsteht jetzt eine Fünf-zu-vier-Entscheidung eines neunköpfigen Gremiums, statt Gründe zählen Hände. Doch was machen Männer nun, wenn sie auf sich allein gestellt eine Ja-oder-Nein-Frage ihrer Frau beantworten sollen? Sie nehmen sich ein Beispiel an Franz Beckenbauer und seiner Standardantwort: «Schaun wir mal». Problem gelöst, weil vertagt – und auch noch Energie gespart.

Schaumermal – die Lieblingsantwort des Mannes ...

Man musste nichts entscheiden, man hat alle Optionen offen gehalten. Denken Sie daran: Das Letzte, was ein Mann wegwirft, ist eine Option. Warum das so ist? Man weiß es nicht. Wir werden ja alle ohne Gebrauchsanleitung geboren. Aber eines ist sicher – kurze Antworten mit langen Folgen machen uns einfach nur Angst. Es ist so schrecklich, keine Alternativen mehr zu haben.

Aber auch dieser Schrecken lässt sich noch steigern, und zwar durch die Angst vor dem Verlust der Bequemlichkeit. Dazu mehr im nächsten Kapitel.

Die Angst vor dem Verlust der Bequemlichkeit

Liebe Leserin, Männer müssen schon viel «müssen»: Geld ranschaffen, Kinder zeugen, Hypotheken abzahlen, stark sein und wissen, wo es lang geht. Ziemlich schnell kommt da in einem Mann die Frage auf: «Wie bin ich bloß in diese Nummer geraten? ‹Wollen› will ich das eigentlich nicht!» Aber was will er dann? Die Antwort darauf ist erschreckend einfach. Der Mann sagt sich:

«I will mei Ruh'!»

Das ist das, was er letztlich will: einfach vor sich hinbasteln, keine Rechenschaft abgeben müssen, keine lästigen Fragen beantworten, keine Termine und Versprechungen einhalten müssen. So hat er es damals auch gelernt, damals als nur eine Frau in seinem Leben wichtig war – Mutter. Er durfte spielen, brauchte nichts zu liefern oder leisten.

Maximale Beliebigkeit bei minimaler Verpflichtung, und man wird trotzdem geliebt.

Besser geht's nicht. Das war so gut, dass wir das immer wieder so wollen. Und nicht anders.

Wenn Sie also einen Mann loswerden wollen, dann drohen Sie im ganz einfach mit dem Verlust der Bequemlichkeit. Der Schrecken reicht, da kriegt er richtig Angst und zieht sich zurück.

Sie werden jetzt einwenden: «Dann müsste er aber seine Wäsche selber waschen, einkaufen etc. Das wird doch dann erst richtig unbequem für ihn.»

Die Lösung dieses Problems ist altersabhängig. Junge Männer, etwa bis dreißig Jahre, bevorzugen die Variante «Hotel Mama», ältere, die bereits verheiratet sind, bevorzugen es, bei ihrer Frau zu bleiben, sofern die jetzt Mutters Rolle übernommen hat.

Sollte das Bedürfnis nach Nähe, Liebe und Bestätigung von Männlichkeit auftauchen, reicht es vollkommen, sich eine Geliebte zu holen. Aber deswegen, also wegen der Liebe, Unbequemlichkeiten wie Scheidung, den damit verbundenen Tumult, die Kosten und Unwägbarkeiten in Kauf zu nehmen, das hat keine Attraktivität in den Augen eines Mannes. Ältere Männer, die nicht (mehr) verheiratet sind ... Da wird es ganz schwierig. Die sind ein Kapitel für sich. Aber bei allen gilt: Die Angst vor dem Verlust der Bequemlichkeit schlägt auf jeden Fall eine eventuelle Angst vor dem Nicht-mehr-Erleben von Liebe.

Angst schlägt Liebe.

Aus Liebe geschieht nicht viel. Leider. Aus Angst dagegen mehr als einem lieb ist. Liebe ist nicht handlungsauslösend. Angst ist handlungsauslösend. Das hat ganz elementare physiologische Gründe. Angst wirkt auf Nebennieren. Nebenniere schüttet Adrenalin aus. Adrenalin geht ins Blut. Blut geht zum Muskel. Muskel macht Bewegung: Entweder man rennt weg oder reißt die Arme zur Verteidigung hoch – auf jeden Fall hat Angst eine Handlung zur Folge. Liebe dagegen nicht. Sie wirkt auf Neurotransmitter, die sitzen im Gehirn, aber da gibt es keine Muskeln, die Bewegung verursachen und damit Handlung auslösen. Liebe ist ein Zustand. Verliebt sein ist eben so ähnlich wie krank sein.

Es ist schon traurig und für viele Frauen eine hochriskante Situation, wenn sie sich in einen Mann verlieben, der diese Liebe zwar beantwortet, aber «gebunden» ist. In diesem Licht betrachtet, ist er vielleicht viel weniger gebunden als bloß bequem.

Und diese Bequemlichkeit bereitet
ihm auch noch das Gefühl von
Sicherheit. Eine schier unheilige
Allianz,

die aufzubrechen sehr, sehr schwierig ist. Er mag in einer inhaltlich entleerten Beziehung leben, aber er kennt zumindest alle Parameter, die sich verändern könnten. Die kennt er bei einer neuen Beziehung nicht. Er fragt sich automatisch: «Wenn ich wechsle, hält dann die neue Beziehung länger oder werde ich vielleicht verlassen (weil die neue Partnerin deutlich jünger ist)? Es ist zwar jetzt schöner und besser, aber wird es später nicht genauso wie jetzt in meiner Ehe? Wahrscheinlich ja, aber warum sollte ich dann wechseln. Okay, ich lebe in einer ‹Hölle›, aber in der kenn ich mich aus. Warum zu ‹unbekannten Paradiesen› aufbrechen?»

Und hat er nicht das Beste aus
zwei Welten, wenn er die Geliebte
warm und die Ehefrau beibehält?

Unter dem Aspekt von Energieaufwand und Lustgewinn ist die Bequemlichkeit wie süßes Gift, und die Angst vor dem Verlust der Bequemlichkeit ist so ähnlich wie die Angst vor

Entzugserscheinungen. Prickeln tut das nicht. Aber es kann noch schlimmer werden. Denn es gibt beim Mann eine Angst, die alle anderen in den Schatten stellt, sozusagen «Top of the Flops». Dazu aber mehr in der nächsten Kolumne.

Top of the Flops:
Die größte aller Ängste

Liebe Leserin, in den letzten Kolumnen haben Sie vier der fünf größten Antriebskräfte männlichen Verhaltens kennen gelernt. Leider waren es alles Ängste und Liebe, als Antriebskraft, war leider nicht darunter (aus Liebe bauen wir vielleicht im Keller eine Eisenbahn auf): Es fing ganz harmlos an mit der Angst des Mannes vor der Unübersichtlichkeit; dann die Angst, etwas Unvergessliches zu tun, gefolgt von der Panik, eine Ja- oder-Nein-Entscheidung treffen zu müssen, bis hin zum Schrecken vor dem Verlust der Bequemlichkeit. Das alleine ist schon heftig, aber es gibt da noch etwas, das alles schlägt, gleichsam alle anderen Ängste subsumiert und topt –

die Angst davor, dumm dazustehen.
Das ist unser größter Schrecken.

Der völlige Gesichtsverlust. Frauen werden sich da ungläubig fragen: «Und das soll jetzt so tragisch sein?» «Na und, man macht einen Fehler. Jeder macht Fehler. Das vergeht. Wen interessiert das morgen?»

So können aber auch nur Frauen fragen. Für uns ist das ein großes Ding. Sollten wir zufällig Japaner sein, erwägen wir ernsthaft, Harakiri zu begehen. Sind wir Engländer, kommt aufrechter Untergang im Ärmelkanal in Frage. In anderen Kulturen ist öffentliche Bloßstellung des (Ehe-)Mannes mal gleich verboten, völlig unabhängig von der Offensichtlichkeit des Fehlers.

Ich merke schon, Sie glauben mir nicht so recht. Vielleicht hilft Ihnen folgendes Beispiel: 1928 hat ein Mann, ein gewisser Paul A. Dirac, in einer Zeitschrift komplizierte Formeln über Physik veröffentlicht. Sollten Sie, verehrte Leserin, Ihren Lebensunterhalt vormittgs mit Quantenelektrodynamik verdienen, dann wissen Sie, wovon ich spreche. Für alle anderen nur soviel: Das war alles so toll und revolutionär, allerdings musste man dafür die Existenz eines Elementarteilchens, des Positrons, unterstellen. Nur das gab es bis dahin nicht. Jedenfalls hatte es keiner gesehen. Und dieser Mr. Dirac hatte auch nicht behauptet, dass es so was gibt. Hätte er aber mal tun sollen. Denn vier Jahre später hatten zwei andere Physiker dieses Positron gesichtet und logischerweise dafür den Nobelpreis bekommen. Dumm gelaufen für Mr. Dirac. Jahre später traute sich jemand, ihn zu fragen, warum er denn die Existenz 1928 nicht vorhersagen wollte, wo es doch total logisch war? Und sein Antwort war: «Reine Feigheit.»

Sehen Sie mal, da ging es bloß um Physik, um Rechnen. Man konnte sich ausrechnen, dass es stimmt. Und trotzdem diese Angst, eventuell doch dumm dazustehen. Warum hat Einstein den Nobelpreis nicht für seine Relativitätstheorie bekommen? Ahnen Sie es? Ein Männerkomitee, das Angst hatte, dumm dazustehen. Was ist, wenn der ganze Kram von wegen gekrümmter Raum, gestauchte Zeit und so weiter nicht stimmt. Wie stehen wir dann da? Und was hat das Männerkomitee gemacht? Sie gaben ihm lieber den Nobelpreis für seinen Beitrag zur Entwicklung des Belichtungsmessers. Da sah man wenigstens, was man hatte.

Glauben Sie es mir allmählich? Übertragen Sie das mal auf Bereiche, wo Männer auch nicht so viel sehen, aber etwas riskieren müssten – auf Beziehung, Partnerschaft, Liebe. Z. B. der Mann, der eine Frau anschmachtet, evtl. heimlich liebt, aber nicht zu ihr hingeht: «Was ist, wenn sie mich zurückweist, in aller Öffentlichkeit? Wie steh ich dann da?»

Männer machen keinen «Plan B».

«Wenn Plan A schief geht, was mach ich dann?» Antwort: «Keine Ahnung, jedenfalls steh ich ziemlich dumm da. Da warte ich doch lieber noch mal ab.» Oder nach einem Streit: Er kann einen Fehler nicht zugeben. Wie steht er dann da? (Er meint: «Dumm steh ich dann da, ist doch klar», sie würde aber denken: «Respekt, was für ein toller Mann.») Dieses Bild vom Verlierer, Dummkopf, die Lachnummer für alle anderen – das ist für Männer, die von Natur aus Sieger sein müssen, Schrecken pur.

Das Bild vom Verlierer, Dummkopf ... Schrecken pur.

Wir machen keine Pläne in Bezug auf Frauen. Wir benutzen einen Berater – unsere Angst. Ein fragwürdiger Ratgeber; wird aber ständig konsultiert. Garantiert. Vielleicht hilft diese Vorstellung ein wenig zu verstehen, wie Männer ticken. Sie eröffnet aber auch eine neue Möglichkeit: Unterlaufen Sie ganz einfach seine Ängste, lösen Sie sie nicht aus. Beginnen Sie mit dem Vermeiden jeglichen Gesichtsverlustes, bieten Sie ihm Bequemlichkeit, verlangen Sie keine Entscheidung und sorgen Sie ganz einfach dafür, dass er sich immer auskennt und zu wissen glaubt, wie es weitergeht.

Könnte aber sein, dass er nach Jahren «Mutter» zu Ihnen sagt.

Ein Restrisiko bleibt halt immer.

Wieviel Verwöhnung verträgt ein Mann?

Liebe Leserin, wie viel Verwöhnung verträgt ein Mann? Vielleicht kommt Ihnen die Frage seltsam vor, da Verwöhnen etwas Schönes ist, das jeder mag. Gerade eine geliebte Person möchten wir verwöhnen. Was soll da unverträglich sein? Betrachten wir folgendes Beispiel: Eine Frau hat seit einiger Zeit einen Geliebten, der aber nicht mit ihr zusammenlebt. Das nächste Treffen bei ihr ist bereits verabredet und sie plant, einen romantischen Abend zu arrangieren – so wie beim letzten Mal. Sie freut sich und bereitet alles vor. Leider kommt wenige Stunden vor dem Treffen seine Absage – praktischerweise per SMS. Er wird aufgehalten, er muss für jemanden einspringen, der kurzfristig verhindert ist, und es tut ihm auch Leid, aber sie muss verstehen, da kann er jetzt nicht seine Kumpel / sein Team / seine Kollegen im Stich lassen. Er meldet sich aber wieder. Die Frau fühlt sich elend und schwankt zwischen Wut und Enttäuschung. Es dauert aber nicht lange und die Frau entscheidet sich, weder wütend noch enttäuscht zu sein, sondern eher an sich selbst zu zweifeln: Vielleicht liebt er mich nicht mehr, vielleicht hat es ihm das letzte Mal doch nicht so gefallen, weil wir da kurz diese Diskussion hatten oder vielleicht ist da eine Andere oder, oder, oder ... Kurzum, sie entscheidet sich für den Gedanken, wenn er anruft, ihm keine Vorwürfe zu machen. Stattdessen will sie es ihm beim nächsten Mal ganz besonders schön machen.

Gedacht, getan. Es wird auch schöner, sie gibt sich jedenfalls alle Mühe, zeigt ihm ihre Liebe, bejaht intime Nähe etc. Seltsam nur, dass er kurz danach wieder aufbricht. Er kann nicht bleiben, muss morgen früh raus oder muss noch jemanden treffen oder muss noch bla, bla, bla. Jedenfalls geht er und sie bleibt allein mit ihren Gefühlen. Beim Verabschieden macht sie ihm keinen Vorwurf, im Gegenteil, sie versichert ihm noch einmal ihre Liebe. Aber sie ist nicht lange allein, denn schnell tauchen Zweifel und Unsicherheiten auf, mit denen zusammen sie den restlichen Abend verbringt. Was soll ich nur anders machen? Er war doch anfangs nicht so? Na gut, dass er manchmal kurzfristig absagt, das kennt sie ja schon bei ihm. Das hat sie ihm auch nie vorgeworfen ...

Was ist passiert, was ist schief gelaufen? Die letztere Frage lässt sich noch am einfachsten

beantworten: «So ziemlich alles ist schief gelaufen!» Die Frau in unserem Beispiel hat zwar
letztlich nur eine einzige Tatsache außer Acht
gelassen, allerdings eine zentrale, nämlich die,
dass der Kerl ganz und gar von diesem Planeten ist, nicht vom Mars und sie nicht von der
Venus, und das erklärt, was passiert ist.

Nun, er reagierte ganz natürlich
auf etwas, das völlig unnatürlich ist
– auf Verwöhnung.

Sie hat ihn verwöhnt. Verwöhnung ist unnatürlich im engsten Sinn des Wortes, d. h. sie
kommt in der Natur nicht vor. Verwöhnung ist
eine reine Zivilisationsleistung – mit katastro-
phalen Folgen. Verwöhnen Sie doch mal ein
Kind, erfüllen Sie ihm jeden Wunsch, belohnen Sie es, ohne dass es etwas leisten musste,
sehen Sie großherzig über Unartigkeiten hin-
weg. Wie groß ist dann die Chance, dass das
verwöhnte Kind es ihnen mit Liebenswürdig-
keit dankt, und wie groß ist die Chance, dass es
einfach nur patzig wird? Was ist denn Verwöhnung? Es ist Befriedigung einer Lust ohne
Anstrengung. Die letzten beiden Wörter sind
die Schlüsselwörter: «ohne Anstrengung». Befriedigung einer Lust, eines Wunsches, eines
Triebes etc., das ist alles ganz normal und na-

türlich und das ist auch gut so. Aber es muss ebenso «natürlich» erfolgen. Befriedigung einer Lust ohne Anstrengung gibt es in der Natur nicht.

Ein Beispiel: Löwen fressen gerne Zebras. Das ist auch okay so und trotzdem legen sich die Zebras den (halb-)hungrigen Löwen nicht verständnisvoll vors Maul. Im Gegenteil, sie rennen sogar weg, wenn sie das Magenknurren eines Löwen hören. Aus der Sicht des Löwen sieht die Sache so aus: Also etwas «Lust auf Zebra», sprich Hunger, ist schon da, es ist Mittag, aber es ist auch verdammt viel Sonne da und Zebras laufen für gewöhnlich nicht im Schatten rum. Und sie sind ein bisschen weit weg. Also müsste er durch die Hitze rennen. Hier kommt Unlust ins Spiel. Was tun? Der Lust nachgeben und jagen oder der Unlust nachgeben und noch etwas im Schatten liegen bleiben? Dieses ewige Abwägen nennt sich Lust-Unlust-Ökonomie.

Die Befriedigung einer Lust kommt immer zu einem Preis, und der ist manchmal unangenehm hoch.

Was passiert nun beim Verwöhnen? Da wird jetzt der Preis, nämlich die Unlust, gestrichen. Man kriegt es umsonst. Toll, aber katastrophal. Jedenfalls, wenn es sich wiederholt. Was in diesem Beispiel alles falsch gelaufen ist, das muss ich etwas detaillierter im nächsten Kapitel erzählen.

Lust «schenken» – ganz grober Fehler!

Liebe Leserin, es geht um Verwöhnung, speziell um Verwöhnung von Männern. Im letzten Kapitel hatten wir das Beispiel der Frau, die ihrem Freund aus Liebe alle Unartigkeiten verzeiht und als Belohnung mehr Unartigkeiten von ihm bekommt. Was hatte sie im Einzelnen falsch gemacht? Da war zuerst die kurzfristige Absage des romantischen Abends bei ihr zu Hause, weil ein Kumpel/sein Team etc. ihn jetzt gerade brauchte. Enttäuscht, aber verständnisvoll akzeptierte sie das und machte ihm beim nächsten Treffen auch keinen Vorwurf. Schwerer Fehler! Völlig falsch! Wahrscheinlich ist das auch schon ein Wiederholungsfehler, d. h. er leistet sich so etwas nicht zum ersten Mal.

Und beim ersten Mal hat er ihre Reaktion genau beobachtet und wie folgt abgespeichert: Sie macht ihm keine Vorwürfe,

obwohl es ihr nicht gefallen hat? Dann hat sie Angst, ihn zu verlieren. Dabei ist ihm völlig klar, dass er sich eine Unverschämtheit geleistet hat. Er hat nämlich eine so genannte instinkthafte Vermutung auf Gegenaggression. Aber diese Gegenaggression bleibt aus und seine instinkthafte Vermutung läuft ins Leere. Und jetzt passiert Folgendes in seinem Hirn: Die vermutete Grenze wird nicht gesetzt, folglich befindet sich hier die Grenze noch nicht. Also kann ich mir mehr davon leisten. Mein bisheriges Verhalten liegt im akzeptierten Bereich und es bringt mir nur Vorteile, als da wären: Ich kann kommen oder wegbleiben, grad wie ich will. Wenn ich Lust habe, meine Freundin zu sehen, dann geh ich hin (ist ja auch nett bei ihr), sollte ich im letzten Moment Lust bekommen, mit einem Freund ein Bier zu trinken, kann ich das auch «spontan» tun. Selbst Alleinsein kann ich jederzeit einrichten, ohne Wiedergutmachung bei ihr leisten zu müssen.

Lust ohne Anstrengung. Lust ohne Reue! Himmlisch. Und raten Sie mal, was jetzt sein Innerstes ihm signalisiert: «Mehr davon.»

Denn Verwöhnung hat einen eingebauten Suchtmechanismus. Man hat Lust erlebt, was auch gut ist, aber man hat sie falsch erlebt, nämlich ohne Anstrengung. «Erfunden» wurde die Lust aber, um zu belohnen, damit man Mühen auf sich nimmt. Freiwillig nimmt man nämlich keine Mühen auf sich, die nur kosten, aber nichts einbringen. Selbst elementare Tätigkeiten wie z. B. Nahrungsaufnahme sind so organisiert: Essen ist von Lust begleitet. Diejenigen, bei denen das nicht so war, die sich also sagten: «Ach, Nahrung sammeln ist mir zu anstrengend, da verhungere ich lieber», sind bereits ausgestorben. Dass wir uns anstrengen müssen, dafür aber mit einem Lusterlebnis belohnt werden, ist also völlig natürlich und von allen akzeptiert. Das bewusste Erleben von Lust führt aber dazu, dass Lust zum Ziel wird. Wenn dann das Ziel auch noch mühelos erreichbar ist, dann hat man eine Spaßgesellschaft. Problem ist nur – da ja die Mühe zum Erreichen der Lust konstant niedrig gehalten wird, dass das Lusterleben schnell fad und öd wird – täglich Champagner, täglich Party, täglich Prinzessin ... ? Deshalb muss das Lusterleben gesteigert werden, indem man immer exotischere Elemente einbaut: Champagnerflaschen mit dem Säbel öffnen, Schaumparty mit anschließendem Damen-Schlamm-Catchen und für professionelle Prinzessinnen nicht mehr der Prinz, sondern der Stallmeister oder ein Leben im Zirkuswagen. Aber zurück zur alltäglichen Verwöhnung.

Was hätte die Frau in unserem Beispiel anders machen sollen? Antwort: So gut wie alles! Das Urproblem aller Kommunikation ist, dass Sie die Sprache desjenigen sprechen müssen, von dem Sie verstanden werden möchten.

Sie müssen also in der Männersprache sprechen: kurz, knapp, deftig, laut und angstfrei.

Hören Sie mal Männern in Konfliktsituationen untereinander zu, um eine Vorstellung von dem Vokabular zu bekommen, das die verstehen. Nicht verstehen können sie Sätze wie: «Hör mal. Ich finde das jetzt aber nicht so gut, dass Du dem anderen zugesagt hast. Du hattest doch gesagt, Du würdest heut Abend gerne kommen und da hab' ich dann extra...» So nicht. Verstehen würde ein Mann Folgendes: «Waaas ?!? [laut und deftig ins Telefon brüllen]. Bist Du besch... ? Du ... [hier können Sie dann völlig kontextunsensitive Anreden einfügen]! Und für Dich hab' ich 1 Stunde im Bad und 3 Stunden in der Küche gestanden!!!» [Hörer auf die Gabel hauen] Erledigt.

Am anderen Ende der Leitung haben Sie jetzt einen Mann mit offenem Mund und tiefem Verständnis. Er weiß jetzt: Da hab ich's übertrieben (vermutete Gegenaggression trat ein, da also ist die Grenze), und ich muss mich anstrengen, das wieder gut zu machen. Andernfalls kein Lustgewinn. Denn gut essen und kuscheln will er ja auch ab und zu – aber nicht alles mit seinem Bierkumpel (Fortsetzung folgt).

Verwöhnung macht Männer nicht nett, sondern patzig

Liebe Leserin, was bekommen Sie, wenn Sie einem Mann, so richtig laut und emotional, «den Marsch blasen»? Wir hatten beim letzten Mal ja das Beispiel von dem Mann, der in letzter Sekunde eine Verabredung zum Essen absagte, für das die Partnerin viel Aufwand in die Vorbereitung gesteckt hatte. Die Absage basierte auf einem mehr als fragwürdigen Grund und war eher als Laune oder Unlust einzustufen. In diesem Beispiel brüllte die Frau ihre Wut in den Telefonhörer und knallte ihn auf die Gabel. Was passiert jetzt am anderen Ende der Leitung? Ein Lernvorgang mit Erinnerungspotenzial wird ausgelöst. Das liegt an folgendem Mechanismus: Männer denken nicht gerne über Beziehungen nach, weshalb Beziehungskonflikte schnell aus ihrer Aufmerksamkeit verschwinden. Bringt man dann eine um Stunden oder Tage verzögerte Reaktion, kann der Mann die Reaktion dem Konflikt nicht mehr (korrekt) zuordnen, weil er ihn vergessen hat oder wollte: «Ich weiß nicht, was Du hast? Das war doch überhaupt nicht so!» Etwa in dieser Art wird seine Reaktion ausfallen. Folglich muss man unmittelbar reagieren. Dann ist wenigstens die Zuordnung klar. Warum muss man jetzt brüllen, oder kultiviert ausgedrückt: «sich echauffieren»? Hier gibt modernste Hirnforschung klare Antworten: Es liegt am vorderen Stirnlappen, dem präfrontalen Cortex. Da laufen alle Infos durch und werden emotional «eingefärbt»: sehr stark oder schwach bis gar nicht. Eine Sachinformation (hier: späte Absage war schlecht) wird mit einer Emotion (hier: das gibt Ärger, die ist verdammt sauer) eingefärbt. Jetzt kommt der Clou: In Abhängigkeit von der Einfärbung wird die Information gelernt und für die Zukunft als Erinnerung abrufbar gemacht.

**_Beim Lernen geht es um Gefühle.
Nix gefühlt, nix gelernt, stark gefühlt,
leicht erinnert._**

Deshalb musste die Frau in diesem Beispiel ins Telefon brüllen. Es stand ja nur der akustische Kanal für Gefühlsübertragung offen. Nun ist Brüllen nicht als Allheilmittel zu verstehen. Es geht darum, bei dem Gegenüber Emotionen auszulösen. Steht man voreinander, kann man seine Enttäuschung statt mit Muttersprache auch allein mit Körpersprache ausdrücken, indem man ein enttäuschtes Gesicht

macht, den Kopf senkt, ihn vom Gegenüber
zur Seite wegdreht und auf den Boden schaut
etc. Wichtig ist das Auslösen der richtigen
Emotion beim Empfänger der Botschaft. Deshalb ist die SMS als Gefühlsübermittler so un-
geeignet, weil sie nur die Information transportiert. Aber auf die Information kommt es
nicht entscheidend an. Sie ist zwar notwen-
dig, aber nicht hinreichend. Ein Beispiel: Ihr
Verehrer steht vor Ihnen und brüllt Ihnen mit
hochrotem Kopf und geschwollener Hals-
schlagader die Worte: «Ich liebe Dich!» entgegen. Halten Sie das für eine Liebeserklärung? Die Information stimmt zwar, aber es
wird bei Ihnen das falsche Gefühl ausgelöst.
Beim Candle-Light-Dinner würde dieselbe
Info, leise ins Ohr geflüstert, ganz etwas anderes auslösen. Sie verstehen jetzt, worauf es
ankommt.

*Trauen Sie sich immer, wichtige Infor-
mationen emotional einzufärben. Sie
helfen damit Ihrem Gegenüber beim
Lernen.*

Was wird denn jetzt der Mann tun, nachdem
die Frau den Hörer aufgeknallt hat? Erstmal
nichts. Das ist das, was alle Männer tun. Zur Erinnerung: «Alle» heißt immer «alle, bis auf

endlich viele». Also von hundert Männern werden achtzig, neunzig, jedenfalls die charakteristische Mehrheit, sich so verhalten. Der Rest kann uns aber hier nicht interessieren. Alles streut nämlich, wenn es sich um Merkmale handelt. Träfe das Merkmal auf alle zu, wäre es ja kein Merkmal mehr.

Was heißt das in unserem Beispiel? Der Mann weiß nun, dass er für künftige Zuneigung eine Anstrengung erbringen muss. Geschenkt wird ihm so schnell nichts mehr (Kochen, Schmusen etc.).

Mr. Right wird sich also um die Frau bemühen, wohingegen Mr. Wrong sich sagen wird: «Zicke!» Er wird seinerseits schmollen und sich lange nicht mehr melden. Sollte die Frau Angst davor haben? Nein, sie sollte glücklich sein, jetzt über ein effizientes Mittel zu verfügen, die Falschen auszusieben. Denken Sie daran, er weiß ganz genau, dass er sich eine Rücksichtslosigkeit geleistet hat. Er leidet nicht an einem Informationsdefizit. Wenn er jetzt daraus ein Machtspiel macht, dann zeigt das nur eines: einen (vielleicht von Kindheit an) verwöhnten Mann, der Verzicht oder unangenehme Konsequenzen nie erfahren hat. Dieser Mangel an Selbstbeherrschung führt zur Fremdbeherrschung, zur Herrschsucht. Dann haben Sie aber in ihm keinen Partner, sondern

einen Patienten, und Sie sind nicht Partnerin, sondern Therapeutin. Wenn Sie das gesucht haben sollten: Herzlichen Glückwunsch.
Sie hätten es gefunden.

«Scharf gedroht» heißt «gleich verloren»

Liebe Leserin, wenn eine neue Beziehung entsteht und er sagt: «Ich brauche Zeit (zum Nachdenken)», soll die Frau ihm Zeit und Sicherheit geben? Die Antwort darauf ist zweigeteilt: Zeit kann er beliebig viel bekommen, Sicherheit überhaupt keine. Fangen wir mit der Zeit an. Es macht keinen Sinn, einem Mann ein Ultimatum zu stellen. Die Frau, die das Ultimatum formuliert, ist die, die nach dem Ablauf auch verliert. Also Formulierungen wie «Wenn du dich nicht bis zum Ende des Monats von deiner Frau getrennt hast, dann ist für mich Schluss, dann werde ich dies und das tun!», rufen folgende Reaktion des Mannes hervor. Er nimmt die Äußerung schweigend zur Kenntnis, weil er erst einmal weder «Ja» noch «Nein» sagen will. Männer sind eben geborene Abwarter, aber keine geborene Entscheider. Wenn nun die Frau glaubt, dass der Mann die Zeit bis zum Monatsende mit immer stärker werdendem Nachdenken verbringt, dann steht lediglich fest, dass die Frau optimistisch ist, aber nicht, dass er nachdenkt. Er wird stattdessen wie folgt vorgehen: Er lässt den Zeitpunkt der Entscheidung auf sich zukommen und sorgt dafür, dass sie bei Ablauf des Ultimatums zusammen sind, sich also gegenüber stehen – besser noch in den Armen liegen. Jetzt soll die Frau mal ihre angedrohten Konsequenzen wahr machen und gehen oder ihn für immer rausschmeißen. Dazu wird sie kaum in der Lage sein und keine Lust haben. Mit der Folge, dass sie für alle Zeiten unglaubwürdig ist.

> *Was hat sie also falsch gemacht? Sie hat «scharf gedroht». Sie hätte aber «unscharf drohen» müssen.*

Der Unterschied ist folgender: Beim scharfen Drohen zieht man eine scharfe, d. h. exakt definierte Grenze. Die Technik ist gut, wenn man eine Behörde ist. Sonst nicht. Eine Behörde kann glaubhaft drohen, dass es keine Eigenheimzulage mehr gibt, wenn der Antrag nicht spätestens bis zu dem und dem Tag eingereicht wurde. Alle anderen müssen unscharf drohen. Das könnte z. B. so klingen: «Ich verstehe ja Deine Situation. Aber verstehe auch mich. Ich weiß nicht, wie lange ich das noch aushalte. Letztlich muss jeder sein Leben leben und jeder spürt für sich, welche Richtung für ihn selbst die richtige ist. Die Dinge entwickeln sich eben, neue Einflüsse tauchen auf und werden eventuell wichtig ... » Für Männerohren klingt das scheußlich: «Neue Einflüsse», so was kann nur heißen «neue Männer»; «Dinge entwickeln sich eben» heißt ganz klar: «Sie hat bereits einen Neuen und mit dem schon was gehabt». Panik, Panik. Er wird dann gleich nachfragen, was sie damit sagen will.

Sie muss jetzt aber weiter gezielt vernebeln. Immer unklarer, immer nebulöser antworten.

Zwischendurch sollten dann aber wieder Bestätigungen kommen, wie einmalig er ist etc., aber nur quasi eingestreut, gerade so viel, dass er nicht mit Flucht reagiert. Er soll sitzen bleiben und sich auseinandersetzen, nicht flüchten und verdrängen.

Warum ist das unscharfe Drohen mit eingestreuten Bestätigungen so erfolgreich? Ganz einfach: Es macht vorsichtig, es verunsichert. Versetzen Sie sich gedanklich mal kurz in folgende Situation: Sie stehen in einer Sumpflandschaft bei Bodennebel. Jeder Schritt kann langsam, aber unaufhaltsam ins Bodenlose führen. Da wird sogar der Dreisteste vorsichtig. Das Sumpfloch ist die unscharfe Bedrohung;

man weiß, es ist da, aber man weiß nicht, wann und wo man hineintritt (war ja Bodennebel angesagt). Und die eingestreute Bestätigung ist der nächste Schritt auf tragendem Untergrund, was einem das Gefühl gibt, dass es weitergehen kann. Damit dürfte klar sein, dass unscharfe Bedrohung umsichtig, vorsichtig und aufmerksam macht. «Just what the doctor ordered», wenn's um Männer geht. Denn da gilt der

Grundsatz: Nur der verunsicherte Mann ist der gute Mann.

Sehen Sie, ein Mann will eigentlich nichts tun, sondern etwas haben. Eben eine Beziehung. Aber «an der Beziehung arbeiten», solche Formulierungen knirschen bei uns im Ohr. Ein Mann tut eben nichts, solange Nichtstun einen Vorteil bringt. Erst dann, wenn noch längeres Nichtstun keinen weiteren Vorteil bringt, dann tut er was. Dann meistens aber auch in Panik. Sie sehen, Männer funktionieren ganz einfach, eben nur anders.

Das nächste Mal erzähle ich Ihnen noch etwas mehr über die Vorteile des Verunsicherns.

Wenn Frauen stören ...

Liebe Leserin, eigentlich wollte ich noch etwas mehr über die Vorteile des Verunsicherns erzählen, aber das müssen wir wegen der Fußball-WM kurzerhand verschieben. Schwere Zeiten stehen ins Haus. Nicht so sehr wegen der Unordnung, die so ein Fußballabend hinterlässt, eher wegen der Stresssituation, die über mehrere Wochen im Raum steht. Wenn Ihnen am Morgen danach Ihr Wohnzimmer wie ein Schlachtfeld nach der Schlacht vorkommt, dann sind Sie schon ziemlich nah dran zu verstehen, was die nächsten Wochen bedeuten.

Mit Spaß, mit Vergnügen hat das alles nichts zu tun.

Sollten Sie sich selbst (seit einiger Zeit) für Fußball interessieren und bereits wissen, dass man sich eine Viererkette nicht um den Hals hängen kann, tun Sie dennoch gut daran zu vermuten, dass Sie andere Motivationen und Gefühle diesem Spiel entgegenbringen als ein Mann. Sie mögen Spaß und Geselligkeit an diesen Veranstaltungen schätzen, den ein oder anderen Frisurentipp von durchtrainierten Männern abgucken, aber glauben Sie nicht, dass die männlichen Wesen, die zeitgleich im Raum dasselbe Ereignis verfolgen, auch nur entfernt Ähnliches empfinden. In einem Mann laufen da ganz andere Dinge ab:

Das ist für die bitterer Ernst und die Männer erleben sich selbst nicht in geselliger Runde, sondern in einem Bündnis. Das sind Verbündete, Kampfgefährten, das ist eine Truppe.

Und hier sind wir schon bei dem ersten Phänomen: Männer sind am liebsten mit Männern zusammen.

Weil man sich so ähnlich ist. Man versteht sich und überprüft das fortwährend durch kurze, paralinguale Grunzlaute (Ooh!, Ääh!, Neee!, Tor!). Das ist Ursprache und sagt letztlich nur aus «Mir geht's gut.» Aber täuschen Sie sich nicht. Die Männer schauen da keinem Spiel zu, die verfolgen den Verlauf einer Schlacht. Es geht nicht um Gewinnen, es geht um Siegen. Und auf dem Bildschirm rennen nicht Millionäre rum, sondern Legionäre. Die gehören zu uns, die haben wir stellvertretend für uns in die Schlacht geschickt. «Die da» sind eigentlich «wir», ununterscheidbar – bis auf die Millionen und die Frisuren. In Halbzeiten werden wir manchmal auch an diesen Unterschied erinnert, beispielsweise durch gut gemeinte Bemerkungen unserer Frauen im Raum, die wir während der ersten Schlachthälfte gar nicht mehr bemerkt haben, sofern diese keine Bemerkungen von sich gegeben haben. Und das ist eine dringende Empfehlung.

Egal wie viele Weltmeistertitel Frauen im Fußball erringen, vermuten Sie lieber mal, dass Sie als genetisch inkompetent eingestuft werden.

Für Frauen ist das bloß ein Spiel, das man geschickt gewinnen kann. Aber das ist Rommé auch. Für Männer ist das da auf dem Bildschirm etwas höchst Persönliches. Es geht dabei direkt um uns. Wir selbst spielen da, wir greifen quasi ein – okay, in etwas abgewandelter Form, mehr so in Form einer Turbine. Sie wissen, Turbine ist ein Gerät, das die Energie einer Flüssigkeit (hier ist es meistens Bier) in Bewegungsenergie umwandelt (Arme-Hoch-Reißen und Aus-dem-Sessel-Springen).

Auslöser für diese Energieumwandlung ist natürlich ein Tor, das unsere Stellvertreter erzielt haben. Fallen keine oder die falschen Tore, wird die zugeführte Energie in Wärme umgewandelt und die Gemüter erhitzen sich.

An dieser Stelle wird die Angelegenheit eben ganz anders als bei Frauen. Wie gesagt, für uns ist das was Persönliches. Wir haben nämlich unsere Stellvertreter dahin geschickt, damit die ihre/unsere Sache auch gut machen. Wir haben uns auf die festgelegt, mit ihnen identifiziert.

Wir müssen krampfhaft Sieger sein, uns jedenfalls so fühlen.

Und hier kommt jetzt das Risiko in die Geschichte rein: Wir haben uns mit unserem Selbstwertgefühl öffentlich abhängig gemacht vom Kampfgeschick/-glück unserer Stellvertreter. Wenn die verlieren, sind wir die «Loser», wenn die siegen, sind wir die «Sieger». Möchten Sie einen kleinen Beweis? Machen Sie mal eine Strichliste, wie oft während des Turniers Ihre Männer «wir» sagen und wie oft sie «die» sagen, wenn sie über die eigene Mannschaft sprechen. Sie werden ganz klare Zusammenhänge erkennen: Ist der Schlachtverlauf erfolgreich, hören Sie nur ein «wir»; im anderen Fall titulieren die Männer ihre Mannschaft überwiegend mit «die». Politisch korrekt heißt es also im Fußball: «Wir! haben einen Elfer verwandelt» und andersherum: «Die! haben einen Elfer reingekriegt», wenn der Torschuss auf uns gerichtet war. Schon an diesem Wort erkennen Sie die gemeinte Qualität der Auseinandersetzung. Physikalisch gesehen, wird so ein Ball bloß getreten, im Kontext des Spiels wird aber ein Schuss abgegeben. Ahnen Sie, was da auf nur Spielinteressierte, also Frauen, zukommt? Gar nix. Zum Glück ist alles nur akut und nicht chronisch. Betrachten Sie die WM eher wie einen globalen Schnupfen: Der kommt drei Wochen, bleibt sechs Wochen, geht drei Wochen. Wenn Sie die Möglichkeiten haben, begeben Sie sich selbst zwölf Wochen lang in Quarantäne. Sie werden beim Kampf nicht gebraucht, bei der Niederlage nicht erwünscht und beim Sieg ...

Grundregeln im Beziehungspoker

Liebe Leserin, wir waren zuletzt beim Thema Verunsichern. Männliches Konfliktverhalten verunsichert schnell. Seine Reaktionen sind oft unlogisch, so dass man denkt: «Warum macht der das bloß?»

Ein Beispiel: Sie sind seit einiger Zeit mit einem Mann zusammen, der in Scheidung lebt. Er hat eine kleine Tochter, die er manchmal am Wochenende bei sich hat. Anfangs war es sehr intensiv zwischen Ihnen beiden und er zeigte sich von seiner besten Seite. Seit einiger Zeit stellen Sie fest, dass zwar noch täglich telefoniert wird, aber nicht mehr so verliebt wie anfangs. Er gibt auch keine Updates mehr über den Fortgang seiner Scheidung. Stattdessen hat er die «Kleine» in letzter Zeit immer öfter bei sich, und damit natürlich weniger Zeit für Sie. Alles riecht verdächtig nach Hinhalte-Taktik. Zudem fällt Ihnen auf, dass Sie häufiger zu ihm hinfahren als umgekehrt. Nichts prickelt mehr, aber allmählich kocht was – nämlich Ihre Verärgerung über die Einseitigkeit des Bemühens und das Gefühl, auf einem sicheren zweiten Platz gelandet zu sein.

Es kommt der Tag, an dem Sie mit ihm darüber reden. Dabei werden Sie viel mehr reden
als er. Sie werden schildern, wie es war und wie
es jetzt ist und was man machen könnte. Er
hingegen wird mehr Fragen stellen als Sie:
«Was hast Du auf einmal?», «Was soll das
jetzt?», «Wie, ich tu' nichts?» etc. Am Ende des
Gesprächs ist nichts verändert außer der Stim-
mung – beide sind sauer, nur Sie haben obendrein noch die Fahrt nach Hause vor sich. Zeit
zum Grübeln. Und während der Fahrt kommen Ihnen Zweifel, ob die Kritik an ihm so be-
rechtigt war. Je länger Sie fahren, desto stärker
wird der Wunsch spürbar, ihn anzurufen. Das
tun Sie dann auch und versichern ihm, dass
Sie ihn trotzdem lieben, sogar sehr. Sie zeigen
Verständnis wegen der sich hinziehenden
Scheidung und des Kindes und vor allem, dass
Sie ihn nicht verlieren wollen.

Punktabzug wegen schlechten Pokerns!

Beziehungskonflikte ähneln tatsächlich in vielen Teilen dem Pokerspiel – das aber können
Männer besser spielen. Sie bluffen, indem sie
verärgert gucken, sie schnauben statt zu reden,
knallen Türen, rufen tagelang nicht an und
dergleichen. Um im Bild des Pokerspiels zu

bleiben: In so einem Konflikt liegt schnell einiges auf dem Tisch, «im Pott» sozusagen.

Spannend wird es aber erst, wenn die Frau den Einsatz deutlich erhöht, etwa durch einen Satz wie: «Das mach ich so nicht länger mit!»

Wie reagiert jetzt der Mann? Ganz klar: Er zieht gleich und erhöht: «Na gut, dann geht's eben nicht. Dann beenden wir die Beziehung!» Toter Punkt. Jetzt gibt es zwei Möglichkeiten für Sie zu reagieren – eine richtige und eine falsche. Erstmal zu der falschen Möglichkeit, weil die am häufigsten praktiziert wird (die richtige dann in der nächsten Kolumne).

Die Frau spürt jetzt deutlich die Angst, ihn zu verlieren. Folglich wird sie sich so verhalten, dass sie ihre subjektive Situation verbessert, leider ungewollt aber die objektive verschlechtert. Sie reagiert auf ihr inneres Angstgefühl, indem sie dem Mann erneut ihre Liebe zusichert, ja sogar ihren Standpunkt relativiert. Danach glaubt sie, die Fluchtbereitschaft des Mannes herabgesetzt zu haben. Subjektive Verbesserung ist also eingetreten, aber keine objektive. Und genau das war ihr Fehler, dass sie Subjekt und Objekt verwechselt hat. Sie selbst hatte ja Angst, aber statt sich selbst Sicherheit zu geben (Sicherheit ist quasi das Gegenmittel zur Angst), gab sie ihm Sicherheit – nämlich die, dass er eigentlich weitermachen kann wie er will, Hauptsache er verlässt sie nicht. Bezogen auf eine Pokerrunde kommt das dem gleich, dass die Frau mitten im unentschiedenen Spiel ihre eigenen Karten offen legt, ihn also in ihr Blatt schauen lässt und obendrein denkt, sie könne danach noch etwas gewinnen. Er dagegen wird seine Karten dicht an der Brust halten, ihr keinen Hinweis auf sein Blatt (also sein «Innerstes») geben, geschweige denn Einblick in seine Karten (hier: Gefühle) gewähren.

Bei ihm tritt jetzt genau das Gegenteil ein, das sich die Frau gewünscht hatte: Bei ihm tritt jetzt das Phänomen der gefährlichen Sicherheit auf.

Statt Angst tritt Übermut auf: Er wird sie zappeln lassen, keine Liebeserklärungen machen, eher «noch einen drauf setzen».

Beim nächsten Mal erfahren Sie, wie Sie es richtig gemacht hätten – mit nur einem einzigen Satz!

Wie Sie das Spiel wenden, mit nur einem einzigen Satz

Liebe Leserin, in der letzten Kolumne hatten wir eine Konfliktsituation, die einem Pokerspiel ähnelte. Die Frau fühlte, dass die Bemühungen um eine richtige Partnerschaft immer einseitiger bei ihr lagen. Er kultivierte dagegen seine Nehmerqualitäten.

Auf dieses Sie-gibt-alles-Er-nimmt-alles reagierte sie schließlich mit dem Satz: «Das mach' ich so nicht länger mit!» und er konterte mit: «Na gut, dann beenden wir eben die Beziehung!» Wie in einem Pokerspiel nähern wir uns der letzten Runde, dem Showdown. Jetzt heißt es für die Frau,

richtig weiterpokern oder alles ist verloren.

An genau dieser Stelle Angst zu zeigen, wäre für die Frau falsch, aber für den Mann richtig. Denn darauf zielte seine Antwort ab: Angst sollte ausgelöst werden.

Seine Antwort war gerade nicht Resultat einer Überlegung, sondern gehörte bloß zu seinem Repertoire von Antworten, die für den

Konfliktfall abrufbereit im Regal liegen. Das war kein Satz, sondern ein Instrument, gleichsam ein Hammer, mit dem er den Konflikt, aber nicht die Beziehung zerschlagen wollte. Der Mann hat gar nicht vor, die Beziehung zu beenden. Denn bisher war ja alles bequem und damit schön. Beenden bedeutet: einen weiteren Misserfolg zu verbuchen, neue Geliebte zu suchen, dabei eventuell weitere Misserfolge zu erleben und bis zum Wiedererlangen einer ähnlich bequemen Situation viel Mühe, wenig Sex. Als energiesparendes Wesen ist ihm das spontan klar, und er hat bereits ein passendes Reaktionsmuster für solche Fälle parat. Man(n) kommt besonders effizient durchs Leben, wenn man solche Muster lernt und anwendet. Für eskalierende Situationen lautet das Muster: Cool bleiben und selbst den Preis erhöhen. Das führt dazu, dass der Gegner geschockt ist und angstvoll einknickt. Das ist sehr erfolgreich. Leichter Erfolg macht aber bequem, weshalb auch nicht viele Alternativen entwickelt werden. Folglich haben Männer nur wenige Musterreaktionen griffbereit, oft nur diese eine – und die wird dann immer angewendet. Im angelsächsischen Sprachraum hat das zu der Volksweisheit geführt:

«Für einen Mann mit einem
Hammer sieht jedes Problem
aus wie ein Nagel!»

Also: Das, was einer gerade zur Hand hat, wird auch eingesetzt. Unabhängig von der Frage, ob es zum Problem passt. Legen Sie ihm eine Uhr zur Reparatur hin, probiert er es erst einmal mit Draufhauen. Kann man häufig beobachten: schnelle Reaktion mit unbrauchbaren Mitteln. Das ist aber nur natürlich, denn so funktioniert Lernen – einfach mal alles durchprobieren, bis irgendetwas klappt. Damit dieses Muster durchbrochen wird, muss die Frau eine andere Reaktion zeigen, als der Mann erwartet.

Angst zu zeigen, das wäre jetzt katastrophal. Er hätte erneut bestätigt gefunden: Erschrecken hilft. Das war schon im Mittelalter das Mittel der Wahl; man nannte es «Das Zeigen der Folterinstrumente». Und wie reagiert die Frau jetzt richtig, mit nur einem einzigen Satz? Machen Sie sich bitte klar: Wir sind hier an der zentralen Stelle,

Sie können jetzt die gesamte Situation
komplett drehen mit diesem einen
Satz, der da lautet:

«Ich bin froh, dass du das genauso siehst!»

Das ist der entscheidende Satz. Jetzt passiert genau das Gegenteil von dem, was in der anderen Variante geschah, als die Frau auf ihre eigene innere Angst reagiert hatte – Er bekommt es mit der Angst: Angst vor dem Verlust der Bequemlichkeit, Angst jetzt dumm dazustehen, die Angst eine Ja-Nein-Entscheidung geäußert zu haben, d. h. damit hätte er eine Option weggeworfen (Sie wissen ja: Eher wirft er seine Hosen weg als eine Option).

Sie hat sich nicht an sein Muster gehalten. Was tun? Unübersichtlichkeit der Situation tritt ein (fünftgrößte Angst der Männer; Sie erinnern sich evtl.). Plan B muss her. Woher aber nehmen? Es gibt noch nicht einmal Plan A, wie könnte es da einen Plan B geben? Es war doch nur ein Muster, kein Plan. Panik. Hier wäre nun seine klassische Reaktion die Flucht.

Wie Sie diesen Satz richtig rüberbringen und wie es dann weitergeht, dazu mehr im nächsten Kapitel.

Lassen Sie Körpersprache sprechen!

Liebe Leserin, beim letzten Mal hatten wir ja folgende Situation: Die Frau in der Rolle der Geliebten und ein Mann, der diese Rolle mehr liebte als die zugehörige Frau. Jedenfalls hatte die Frau allen Grund zu dieser Annahme, was sie zu dem Satz anregte: «Das mach' ich so nicht länger mit!», und er konterte mit: «Na gut, dann beenden wir eben die Beziehung!» Hier wäre jetzt angstvolles Einknicken der Frau die nächste, planmäßige Haltestelle. Aber die Frau tat dem Mann den Gefallen nicht, an der Stelle erwartungsgemäß aus dem Konflikt auszusteigen. Im Gegenteil. Sie sagte nur: «Ich bin froh, dass Du das genauso siehst!» Der entscheidende Satz, der die gesamte Situation dreht. Vorausgesetzt, die Frau bringt ihn richtig rüber.

Sie müssen sich das so vorstellen: aufgeschaukelte Atmosphäre, ein Wort gab das andere und dann sein «Hammer-Satz», dass dann die Beziehung beendet werden müsste (über Männer und Hämmer – siehe letztes Kapitel.) Um das richtig rüberzubringen, sollte die Frau jetzt Folgendes tun: Sie hält, als sie den Satz hört, die Luft an, ist überrascht, aber dann erleichtert. Sie atmet hörbar die angehaltene Luft aus, und im Ausatmen sagt sie diesen Satz, als wäre ihr ein Stein vom Herzen gefallen. So als wäre sie seit Wochen mit diesem Satz umhergerannt und der nagenden Frage, wie sie ihm das sagen könnte. Und jetzt, welch ein Glück, er spricht ihn selbst aus. Er will es auch.

Das muss man üben wie ein Schauspieler: laut sprechen und sich die zu erwartende Situation vorstellen. Hier hätte die Frau das am besten auf der Autobahn gemacht, auf der Fahrt zu ihm, mit sich allein, wo niemand ihre Sprechübungen hören konnte. Nehmen wir also an, dass die Frau den Satz mit dem richtigen Sound rübergebracht hat. Was läuft jetzt in dem Mann ab?

Als erstes entsteht der spontane Wunsch nach Flucht. Macht aber keinen Sinn, weil es sich in seiner Wohnung abspielt. Als nächstes geht seine Aggressivität erst einmal auf Null zurück, weil die Frau ihm gab, was Männer mögen: Recht. Und sie lächelte dabei erleichtert. Damit ist der Streit sprunghaft in Einigkeit übergegangen. Er braucht sich nicht mehr zu verteidigen, weil kein Angriff mehr stattfindet. Er ist plötzlich der Sieger (das ist immer gut), nur der Sieg schmeckt ihm nicht (das ist noch besser).

Der «geschenkte Sieg»: Er bekommt etwas, was er ersehnt hat, was aber merkwürdigerweise überhaupt keine Siegesfreude auslöst.

Und das Tolle daran: Recht-Bekommen ist eines der wenigen Geschenke, die man nicht ablehnen kann.

In ihm laufen also jetzt die widersprüchlichsten Empfindungen ab. Er will weg, muss aber bleiben. Ihm ist klar, dass er dumm dasteht (größte Angst der Männer), und er spürt: «Ich muss reagieren. Aber wie?» Er war auf plötzlichen Sieg nicht vorbereitet, sondern auf ihre Kapitulation oder auf Drohung. Damit hätte er umgehen können. Er stammelt in seiner Muttersprache, aber nicht in seiner Körpersprache – die spricht Klartext. Er hat Angst, die Frau zu verlieren. Körper sprechen eben immer, und deshalb muss die Frau im Gegenzug schauspielern: Sie muss lächeln, auch wenn sie (höchstwahrscheinlich) Angst hat, ihn zu verlieren!

Denn damit spricht ihr Körper zu ihm, er sieht es und kann die Botschaft nicht ignorieren. Dieses Nicht-Ignorieren-Können macht Körpersprache so effizient.

Zudem zählt nicht der Text, sondern die emotionale Wirkung, die ausgelöst wird.

Tja, da hat er es nun, das lange Ende eines kurzen Satzes. Nur gewollt hat er es nicht. Sie packt sanft lächelnd (nicht triumphierend, hämisch) ihre Sachen und in der Türe sagt sie noch: «Wir hatten soviel Gemeinsames und Schönes, das uns niemand nehmen kann.» «Ja, toll!», denkt sich der Mann und schaut der Frau mit glänzenden Augen nach.

Und? Ist jetzt alles vorbei? Nein, jetzt fängt es erst richtig an in dieser Beziehung. Jetzt kommt Glücksgefühl auf beiden Seiten auf. Aber zuerst muss gezittert werden. Warum Sie einen Mann zwingend zittern lassen müssen, damit er glücklich wird: im nächsten Kapitel.

Ohne Zittern kein Glück

Liebe Leserin, es gibt zentrale Fragen im Leben einer Frau, die gern von Männern beantwortet werden. Eine davon lautet: «Wie mache ich einen Mann glücklich?» Ein Rezept von 1622 stammt von einem englischen Geistlichen, der den Begriff der «ehelichen Pflichten» einführte, die eine Frau am besten mit Freude und Heiterkeit hinter sich bringt. Der Ansatz mit den Pflichten war so erfolgreich, dass sogar Frauen ihn verinnerlichten. So soll 200 Jahre später der mütterliche Rat an untrainierte Bräute für die Hochzeitsnacht gelautet haben:

«Mein Kind, schließ einfach die Augen und denk' an England!»

Später gingen die Ratschläge dazu über, den Mann auch bei Tageslicht glücklich zu machen. So veröffentlichte am 13.5.1955 das amerikanische Magazin «Housekeeping Monthly» eine 18-Punkte-Checkliste, die man bloß täglich abarbeiten musste, um den ersehnten Effekt zu erreichen. Das fing an mit «Hab Essen fertig, wenn er kommt», über «Mach noch mal einen letzten Kontrollgang durchs Haus (ob auch alles aufgeräumt ist), kurz bevor er eintrifft», bis hin zu «Hör ihm aufmerksam zu und stelle keine Fragen über sein Handeln!»

Macht das nun Männer glücklich? Nun, es macht sie sicherlich zufrieden und bequem, aber nicht glücklich. Wenn man versteht, wie Glück entsteht, dann wird auch klar, warum jahrhundertelang die Ratschläge so ausfielen, wie sie ausfielen.

> **Glücklich-Sein ist unbequem und bedeutet Stress, denn unglücklicherweise entsteht Glück aus Zittern.**

Sie müssen einen Mann zwingend zittern lassen, damit er glücklich wird, damit er Glück erleben kann. Kein Zittern, kein Glück, bloß Zufriedenheit, Vertrautheit. Um Letzteres geht es aber nicht. Wir wünschen viel Glück, nicht viel Zufriedenheit; die amerikanische Verfassung verbrieft das Recht auf Glück, nicht auf Zufriedenheit. Also es geht ums Glück. Wie geht das jetzt? Im Gegensatz zur Zufriedenheit, die über eine gewisse Dauer erlebt wird, wird Glück nur als Augenblick erlebt (dazu meinte Goethes Faust: «Verweile doch! du bist so schön!» – In dem Moment wäre er, Faust, sogar bereit zu sterben; was einer gewissen Logik nicht entbehrt, kann es danach ja nur noch schlechter werden). Gemeint ist jetzt der Augenblick, in dem sich zittrige Ungewissheit in Gewissheit wandelt.

Ein Beispiel macht klar, wie es geht: Stellen Sie sich vor, Asafa Powell, der weltbeste 100-Meter-Sprinter, macht ein Wettrennen gegen den Autor dieser Kolumne und gewinnt. Würde der Sieg den Mr. Powell glücklich machen? Wohl kaum. Als er vor einem Jahr dieselben hundert Meter gelaufen ist und auch gewonnen hatte, da war er nach eigenem Bekunden «sehr glücklich». Dieselbe Strecke, in beiden Fällen ein Sieg, aber nur in einem Fall Glück. Warum? Was ist der Unterschied? Vor einem Jahr lief er in Athen bei einem Super Grand Prix gegen gleichstarke Konkurrenten. Als er in den Startblöcken hockte, war der Sieg zwar möglich, aber nicht sicher. Zittrige Ungewissheit wird er gehabt haben. Und erst in dem Augenblick, in dem er als Erster die Ziellinie überquerte, wandelte sich zittrige Ungewissheit in Gewissheit. Genau in diesem Moment erlebte er Glück. Noch nicht einmal so sehr bei der anschließenden Siegerehrung. Da wird es eher das Gefühl von Stolz und Befriedigung gewesen sein.

Späteres Glück ist also an früheres Zittern gekoppelt. Das funktioniert universell.

Nicht nur im Sport, sondern genauso bei der Nebenkostenabrechnung, wenn sie Rückzahlung statt Nachzahlung ergibt. Und es funktioniert bei Männern (übrigens auch bei Frauen).

Jetzt dürfte klar sein, warum obige Ratschläge Männer nicht glücklich machen können, aber von Männern stammen müssen. Denn wer gibt schon Tipps, wie man ihn selbst und seine Geschlechtsgenossen das Zittern lehrt? (Okay, lassen Sie den Autor mal außen vor!)

Erinnern Sie sich noch an den Mann, der zu hoch gepokert hatte mit dem Satz «Dann müssen wir die Beziehung eben beenden»? Ihm hatte die Frau erwidert: «Ich bin froh, dass Du das genauso siehst!» und hatte ihn liebevoll lächelnd verlassen. Er stand rezeptfrei in der Türe und schaute ihr nach, nicht wissend, was er jetzt tun soll: hinterherlaufen, schimpfen, schmähen, weinen ...? Der stand jetzt zittrig ungewiss da. Gute Voraussetzung für späteres Glück. Wie es dann weitergehen kann und welche Fallstricke da noch auftauchen können, dazu mehr in der nächsten Kolumne.

Wie kann eine Frau einem Mann Sicherheit geben?

Liebe Leserin, zittrige Männer, ängstliche Männer – was ist das für eine Welt, die uns da umgibt oder angeblich umgeben sollte, um Glück in einer Beziehung zu erleben? Wer will schon zittrige Ungewissheit? Kommt man nicht weiter, wenn man einem Mann, den man liebt, Sicherheit gibt? Das ist doch das, was eine Frau in einer Beziehung auch möchte!

Okay, über dieses Ziel könnte man sich ja noch einigen. Die Frage ist ja nur, ob man diese Welt noch mag, wenn man jenes Ziel erreicht hat. Also, wie kann eine Frau einem Mann Sicherheit geben? Ich gebe Ihnen jetzt eine Antwort auf diese Frage, die das Ziel hundertprozentig erreichen lässt, und sie lautet:

Mach Dich klein, blöd und ungefährlich!

Probieren Sie es aus und Sie werden von lauter sicheren Männern umgeben sein. Danach kann man ja sehen, ob einem diese Welt gefällt, die dadurch entsteht. Sollte das nicht der Fall sein, haben Sie exakt zwei Möglichkeiten.

Erste Möglichkeit: Sie ändern Ihre Technik, denn diese Technik nutzt ihm, Sie selbst aber werden abgenutzt. Oder zweite Möglichkeit: Sie suchen sich einen anderen Planeten.

«Wie jetzt?», werden Sie einwenden. «Ich wollte ihm doch nur ein kleines Stück entgegengehen, ihm meine Gefühle, die ich für ihn habe, mitteilen. Ihm die Gewissheit geben, dass ich für ihn jederzeit da bin.»

«Die Sicherheit sollte ihm helfen, sich für mich zu entscheiden!» Gute Absicht, schlechte Methode.

Diese setzt nämlich voraus, dass Männer überhaupt entscheiden wollen. Wollen sie aber nicht. Männer wollen nicht entscheiden, Männer gewöhnen sich an Umstände – wenn's irgendwie geht. Und genau das würde er von Ihnen bekommen, wenn Sie ihm Sicherheit böten: Er bekäme Zeit, sich an etwas zu gewöhnen. Das ist aber gefährlich, denn Gewöhnung erzeugt Inaktivität, den Lieblingszustand unseres Gehirns. Alles läuft vertraut und automatisch, Bedürfnisse werden befriedigt, Ärger wird vermieden. So kann's weitergehen! Das also passiert auf der Seite des Mannes.

Auf der Seite der Frau entsteht zeitgleich etwas ganz anderes – eine Fata Morgana: Sie

glaubt etwas zu sehen, was leider nur auf hei-
ßer Luft beruht. Sie glaubt nämlich: Er
braucht Zeit, um sich über alles klar zu werden, sich seiner Gefühle (für sie) zu versichern, eben alles genau zu planen und zu richten für eine schöne, gemeinsame Zukunft.

Ist dann die erste Hitze raus, kühlt sich also
die Luft ab, verschwindet auch die Fata Morgana und gibt den Blick frei auf eine Welt von
Ausreden, die dazu dienen sollen, den schö-
nen, bequemen Zustand, an den man sich ge-
wöhnt hatte, zu verlängern. Hier kommt die Sicherheit ins Spiel. Weil er so gut über ihre
Gefühle informiert worden ist (auch noch von
ihr selbst: Sie gab ihm ja Sicherheit und un-
aufgeforderte Liebeserklärungen), hat er folglich auch keine Angst. Angst ist bekanntlich
der Gegenspieler der Sicherheit. Also: Viel Sicherheit heißt wenig Angst. Totale Sicherheit
bedeutet völlige Angstfreiheit. Jetzt bekommt
man ein Gespür dafür, dass das so gesund
nicht sein kann. Völlige Angstfreiheit macht
unvorsichtig.

*Zu viel Sicherheit ist ganz schnell eine
gefährliche Form von Sicherheit,
die dazu führt, dass tatsächlich vor-
handene Risiken falsch eingeschätzt
werden*

oder dass jemand glaubt, es gäbe überhaupt kein Risiko mehr («Die frisst mir aus der Hand»).

Gegen diesen Mechanismus kann man sich gar nicht wehren. Wenn Sie einem Mann Sicherheit geben, senken Sie seine Aufmerksamkeit gegenüber Risiken und Gefahren. Auf diesem Planeten gibt es nicht so etwas wie «gefahrvolle Sicherheit», was aber gerade nötig wäre, um einen Mann gleichzeitig wach, bemüht und sicher zu stimmen. Das wäre ein Oxymoron, ein Widerspruch in sich, genauso wie «Damen-Schlamm-Catchen» oder «billiger Anwalt». So hat es jedenfalls mal ein erfolgreicher Geschäftsmann erklärt. Sie kriegen in dieser Welt eben nicht beides zugleich: einen aufmerksamen, bemühten Partner und einen, der sich Ihrer total sicher ist – von kurzen Zeiten mal abgesehen, wo beides zugleich erlebt wird, was aber nicht selbsttragend ist.

So war das ja auch in dem Beispiel, wo der Unmut der Frau, den sie äußerte, den Mann lediglich dazu erregte zu sagen, dass dann die Beziehung beendet werden müsste. Das hat der sich geleistet, weil er zuviel Sicherheit bekommen hatte. Seine Risikowahrnehmung war total unterentwickelt, was ihm in dem Moment bewusst wurde, als die Frau auf den Trennungsvorschlag wie erleichtert einging. Mit der zurückgekehrten Risikowahrnehmung war die gefährliche Sicherheit futsch und die Angst wieder da. Die ließ ihn bekanntlich Zittern, was wiederum für spätere Glücksgefühle Voraussetzung ist.

Jetzt wird klar, warum es nicht im Interesse einer Frau sein kann, dass sie einem Mann Sicherheit gibt.
Der braucht ganz was anderes: Erfolgserlebnisse.

Er bemüht sich um die Frau und sie quittiert ihm das mit Aufmerksamkeit. Bemüht er sich nicht, zieht die Frau ihre Aufmerksamkeit von ihm ab und richtet sie auf etwas anderes. Das verunsichert ihn, macht ihn wach («Hat sie einen anderen?») und bemüht, denn er will ja wissen, ob sie ihn noch akzeptiert. Fazit: Nur ein verunsicherter Mann ist ein guter Mann. «Hatten wir das nicht schon einmal? Und was mach' ich, wenn mir das ganze Spielchen zu umständlich ist?», werden Sie vielleicht fragen. Antwort: «Überprüfen Sie noch mal die zweite Möglichkeit! Die mit dem Anderen-Planeten-Suchen.»

Silvester können Sie ihn endlich packen

Liebe Leserin, wir gehen wieder auf einen Jahreswechsel zu. Vielleicht ist das für Sie eine gute Zeit, das nächste Jahr zu planen, zumindest aber Pläne zu entwerfen. Tun Sie es nur, aber tun Sie es besser allein für sich, also ohne Ihren männlichen Partner, wenn es um Entscheidungen, um Festlegungen geht. Unkritisch ist es, mit einem Mann gemeinsam Pläne zu schmieden, wenn es sich um die bloße Fortentwicklung von bereits Erfolgreichem handelt, also die Ausweitung gemeinsamer Interessen wie Reisen. Aber auch bei solch unkritischen Bereichen sollten Sie nicht großzügig auf die Unverbindlichkeit des Konjunktivs verzichten.

Wörter wie «vielleicht», «eventuell» und «könnte» beruhigen sein Hirn und öffnen dabei noch sein Herz.

Sie können also Sätze sagen wie: «Südafrika soll so toll sein, da könnte man vielleicht mal hinfahren. Soll im Sommer auch nicht so heiß sein.» Daraufhin wird er dann antworten:

«Könnte man mal überlegen.» Zu solchen Einlassungen ist er fähig, weil sein Gehirn ihm mitteilt: «Keine Panik, alles nur ‹eventuell›. Du musst Dich jetzt nicht festlegen. Sommer und Südafrika sind zudem in sicherer Entfernung.» Das aber deutet schon darauf hin, dass Sie beim Plänemachen, im Sinne eines verbindlichen Festlegens, ohnehin alleine sind.

Ganz ungünstig sind Planungen vor dem Jahreswechsel, wenn die Ausgangssituation unbehaglich ist und vor allem dem Mann klar wird: «So kann es nicht weitergehen!» Es kann sein, dass er bei seiner Geliebten sitzt, die Klarheit haben will, wann er denn im nächsten Jahr aus der Ehe auszieht, oder umgekehrt, er hockt im Kreise seiner Lieben, die um ihn wie eh und je herumtoben, ohne zu merken, dass er das nicht länger aushält. Wenn man jetzt weiß, dass Männer nicht gerne Entscheidungen treffen und schon gar nicht aus freien Stücken, weil sie damit das Risiko einer Blamage alleine schultern, sondern viel lieber

Entscheidungen als Folge eines schicksalhaften Verlaufs

treffen, dann wird klar, dass dem Jahreswechsel schnell eine fatale Bedeutung zuwächst – bei Männern.

Der Neujahrsnacht kommt dieselbe Bedeutung für unentschlossene Männer wie der Bremspunkt für Rennfahrer vor der Kurve zu: Sie suchen sich eine gut sichtbare Markierung entlang ihres Weges, an der sie durch bloßen Zeitablauf vorbeikommen. Ist der Punkt erreicht, dann wird gehandelt, und zwar knackig, heftig, ohne Zaudern. Jetzt hat dieser Zeitpunkt die Rolle des schicksalhaften Ereignisses angenommen, dem man – außer durch Ableben – nicht ausweichen kann.

Ein paar Beispiele: «Im neuen Jahr täglich Sport und nicht mehr Rauchen» – das wäre die banale Variante. Es geht aber auch fundamental – «Wenn meine Frau nicht bis Jahresende nett wird, dann verlasse ich sie. Die Chance gebe ich ihr noch» (natürlich ohne sie darüber zu informieren, dass da gerade ihre letzte Chance läuft). Andersherum geht's natürlich auch: «Ich habe mich für meine Frau entschieden!», bekommt dann die Geliebte bei Sekt und Feuerwerk zu hören. So treffen weiche Männer harte Entscheidungen.

Entschieden haben die natürlich nichts, nur etwas gelindert – ein Unbehagen. Das zugrunde liegende Motiv war nämlich nicht eine Erkenntnis, sondern nur das Gefühl, dass es so nicht weitergehen kann. In diesem Augen-

blick, wo die Entscheidung raus ist, geht's ihnen auch besser. Denn sie haben nicht selbst
entscheiden müssen, der Zeitablauf hat das
für sie getan.

> *Dann ist der Mann nicht schuld, er*
> *hat nur konsequent gehandelt, als es*
> *Zeit war.*

Der Jahreswechsel hat für Männer also die
gleiche Wirkung wie die Krücke für den Hin-
kenden – kurzfristig geht's besser.

Für die Geliebte wäre es also günstiger, den
Mann rechtzeitig in den Schoß seiner Familie
zurück zu verbannen. Weihnachten soll er so
viel Zeit wie möglich mit ihnen verbringen.
Vorteil der Situation: Es kommt zum Dichte-
stress durch zu langes Aufeinanderhocken.
Wenn dann wenige Tage nach dem Fest das
nächste Fest droht, mit erneut bedrohlich
herzlicher Enge, dann fördert das den Stress
im Sinne von «Ich muss hier raus!» Während
sie, die Geliebte, eventuell schon rausgegan-
gen ist, auf eine Silvesterparty ohne ihn. Wun-
dern braucht sie sich dann nicht, wenn er sich
genau in dieser Silvesternacht «endgültig» für
sie entscheidet. Manche Planungen fürs neue
Jahr brauchen also nicht einmal bis zum 1. Ja-
nuar zu reichen.

Aber auch im neuen Jahr gilt: Sie haben es immer noch mit denselben «alten Männern» zu tun. Was für Perspektiven!

Wann Männer es wirklich ernst meinen

Liebe Leserin, wie kann man feststellen, dass ein Mann «es ernst meint?» Bei Lebewesen, die schlecht Entscheidungen treffen können, werden Sie ein sicheres Erkennungszeichen für Entschiedenheit nicht erwarten können. Textbotschaften gehören bei Männern auf gar keinen Fall zu den verlässlichen Kriterien.

> **«Ich liebe Dich» ist da keine durchdachte, robuste Haltung, sondern ein Statement, eine Äußerung über die augenblickliche Befindlichkeit des Sprechers.**

Es gibt natürlich auch den Fall, dass diese drei magischen Worte benutzt werden, um eine gewisse Geneigtheit bis zur Horizontalen zu erzeugen. Aber selbst wenn dieser Fall nicht vorliegt, hat dieser Satz mehr beschreibende als prognostizierende Bedeutung. Die Gültigkeit entspricht eher einer Wetterprognose durch Blick aus dem Fenster. Man stellt z. B. fest: Es ist sonnig. Und was sagt einem das über die Wettersituation in drei Stunden oder drei Tagen? Jedenfalls nichts Verlässliches. So ist das mit der Liebeserklärung und dem Versprechen am Altar: « ... bis der Tod uns scheidet!» Tritt die Scheidung vor dem Tod ein, bekäme man bei Nachfrage nach seinem Versprechen die Antwort: «Das hab' ich damals so gesehen (und jetzt seh' ich das anders).» Es war eben ein Statement und kein Gelübde.

> *Gelübde legen Männer schon ab, und dann meinen sie es auch ernst. Aber das sind innere Gelübde, vor allem nach Enttäuschungen.*

Sie müssen sich Männer vorstellen als Organismen, die gewissermaßen Erfahrungen (über Frauen) sammeln, wie es nicht geht. Das hat nichts mit Lernen zu tun, bei dem man sich Mühe gibt zu verstehen, wie etwas zustande kam. Das hätte ja zudem den Effekt, sich künftig besser verhalten zu können, wenn man in vergleichbare Situationen gerät. Hier liegt nur unstrukturiertes Sammeln von Vergangenem vor, das künftiges Verhalten ebenso unstrukturiert beeinflusst. Es wird nicht nachgedacht warum, etwas nicht geht, sondern sich erinnert, dass etwas nicht geht. Also kein Lernen durch Versuch und Irrtum, sondern Vermeiden von Wiederholungen, die mit Schmerz einhergingen. Beispiel: Ein 17jähriger kann sich leicht verlieben und völlig ernst meinen: «Die ist es!» Verlässt die Angebetete aber nach zwei Wochen Freundschaft ihn wegen eines anderen, dann sind locker zehn Jahre drin, während derer er es nie wieder ernst meinen wird aus

Angst vor Schmerz-Wiederholung.

Die nötige Festigkeit der Überzeugung entsteht dann durch das innere Gelübde: «Weiber? Okay. Aber nur bis zum Frühstück; dann bin ich wieder weg!» Diese Technik hat die fatale Wirkung, dass man die Sicherheit erlebt, künftig mit ähnlichen Situationen fertig zu werden. Aber was ist daran fatal? Nun, inneres Erleben ist immer gekoppelt an eine Rückmeldung von der Sorte: Lust oder Unlust. Das Verlassenwerden wurde von einem Gefühl der Unlust begleitet,

dagegen wurde das Gefühl, einen Dreh gefunden zu haben, die Zukunft sicher zu beherrschen, mit Lust erlebt.

Kommt jetzt noch ein zweckgerichtetes Verhalten hinzu – «mein Trieb und ich wollen Sex» plus «mein Ego und ich wollen Sieg», dann liegt Dressur vor. Der Organismus dressiert sich selbst durch diese Rückkopplung von Lust und Unlust. Die Folge davon ist der «bedingte Reflex»: Weib-Sex, Liebe-Flucht. Düstere Aussichten für ernst gemeinte Beziehungen.

Aber Dressur hat auch einen eingebauten Vorteil. Sie selbst ist nämlich dressur-veränderlich. Man kann sich etwas abgewöhnen. Damit deutet sich schon das Mittel der Wahl an: Beharrlichkeit und der Verzicht auf rasche Sicherheit. Da jeder Vergangenheit mit sich herumschleppt, gilt halt immer noch: Zuckerbrot und Peitsche sind effizienter als These und Antithese.

Mit nur Drüber-Reden kommen Sie in einer Beziehung nicht weit.

Argumente befriedigen Synapsen, aber erreichen nicht die Seele (können Sie leicht testen: Lesen Sie jemandem mit Flugangst ein Buch über Aerodynamik vor und prüfen Sie dann, wie erleichtert er danach eine Flugreise für sich selbst bucht). Dressur hat etwas mit Sinneseindrücken zu tun. Die «lernende» Seite verdichtet jeweils Erlebtes zu einer griffigen Formel: gut-schlecht, Annäherung-Flucht, Plus-Minus – je nach Nützlichkeit. Für die Praxis der Beziehung bedeutet das, ein «langes Gesicht» zu machen, ist lerntechnisch effizienter als eine lange Erklärung. Das kann ein Mann sich merken (muss es aber nicht verstehen) und sein künftiges Verhalten daran optimieren. Sie bekommen zwangsläufig einen zweckmäßig verhaltensoptimierten Mann. Seine Zwecke müssen aber nicht Ihre Zwecke sein.

Männern geht es um Sicherheit für sie selbst. Das meinen die immer ernst.

Insofern wäre die Eingangsfrage beantwortet. Diese Sicherheit können Männer aber auch und gerade in einer festen Beziehung erleben. Aber dazu später mehr.

Was für Männer zählt

Liebe Leserin, wenn Sie sich fragen: «Meint er es ernst mit der Beziehung zu mir, sind seine Gefühle zu mir aufrichtig und exklusiv?», dann ist die Frage falsch gestellt. Leider. Denn in dieser Form setzt die Frage voraus, dass der Mann eine Überzeugung hat, also etwas, wovon er nicht so leicht abzubringen ist. So was gibt es, aber nicht zum Thema «Frau und Beziehung», jedenfalls nicht bei einem erfahrenen Mann, der seine erste naive – pardon, große Liebe hinter sich hat. Männliche Überzeugungen richten sich eher auf klar abgrenzbare Dinge, deren Erreichen gut messbar und danach auch stabil ist, z. B. einen Marathon unter vier Stunden zu laufen, einmal ein teures Cabrio gehabt zu haben oder eine Frau «rumzukriegen». Das sind Einheiten, die einmal erreicht, einem nicht mehr genommen werden können – sich für solche Ziele ernsthaft einzusetzen, das lohnt sich, davon lässt sich ein Mann nicht so leicht abbringen. «Mit 35 bin ich den Marathon noch in 3 Stunden 28 gelaufen» oder «mit 29 fuhr ich schon einen knallgelben Testarossa»; vergleichen

Sie das mal mit dem Satz «Anfang 30 hatte ich mal ne tolle Frau...» Das klingt schon nach Loser, bevor der Satz zu Ende ist, weil man automatisch ergänzt: «Und, was hast Du jetzt?» Antwort: «Ja, nix. Jetzt bin ich solo und trau mich nicht mehr so recht.»

Der Einsatz, den man beim Thema «Frau und Beziehung» zeigt, wird irgendwie nicht richtig entlohnt. Man strengt sich an, erreicht etwas und hat doch nichts Stabiles in der Hand.

Ständig verändert sich der Maßstab, mit dem man gemessen wird. An Ausruhen ist nach dem Erreichen nicht lange zu denken. Aber was gäbe ein Mann nicht alles dafür: «Ein eigner Herd, ein braves Weib sind Gold und Perlen wert» (Goethe, Faust 3155), und auf die Frage «Ward's nie ernst in Eurem Herzen?» kommt prompt des Dichters Antwort: «Mit Frauen soll man sich nie unterstehn zu scherzen.» Tja, das ist 200 Jahre alt, kann aber täglich frisch erlebt werden.

Natürlich meinen Männer «es ernst», aber in unterschiedlicher Bedeutung zu unterschiedlichen Abschnitten ihres Lebens.

Die erste Verliebtheit ist immer ernst gemeint. Ob die zweite Verliebtheit auch noch ernst gemeint ist, hängt von der Erfahrung mit der ersten ab. War diese enttäuschend, täuscht er danach, egal wer kommt. Es geht aber auch ohne Enttäuschung, nämlich durch permanente Verwöhnung in Form von Verständnis und Verzeihung, egal was er gemacht hat. Fremdgehen, respektloses Verhalten oder Unzuverlässigkeit, die rasch verziehen werden, fördern die Erfahrung, dass es niemals richtig ernst werden muss. Einen solchen Mann setzen Sie dringend auf Pflegestufe 1: netten Zuspruch, aber das Entscheidende muss er alleine machen.

Es ist grundsätzlich einfacher festzustellen, wann ein Mann es ganz sicher nicht ernst meint. Der einfachste Fall ist: Wenn's beim ersten Date schon ernst geworden ist. Das war's dann. Mit so einer Frau kann es ein Mann nicht ernst meinen, weil er nie glauben würde, dass sie ein «braves Weib» ist. Männer mögen zwar Mädels, die auf Tischen tanzen, aber eben nur dafür. Nicht für was Ernstes.

Oder nehmen wir den Klassiker: Er ist verheiratet und sagt, er würde seine Frau nie verlassen (das ist ernst gemeint). Im gleichen Atemzug sagt er der Frau in seinen Armen, dass er sie liebe und nie verlieren möchte. Das ist nicht ernst gemeint – jedenfalls nicht in dem hier diskutierten Sinne. Das ist höchstens ernst gemeint im Sinne von: «Das empfinde ich jetzt, in diesem Moment so!» Ja toll, nur hat man auf Dauer nix davon. Der Unterschied liegt in Folgendem:

> *Die Frau, die zwar betrogen, aber nicht verlassen wird, hat den Vorteil, dass sie zu den erreichten, zählbaren und stabilen Einheiten gehört – solange er sie nicht verlässt.*

Sie beizubehalten, erfordert zudem keinen neuen Aufwand. Anders die Geliebte: Es mit ihr ernst zu meinen, also seine Ehe scheiden zu lassen, eine neue einzugehen etc., das erfordert neuen Aufwand, macht das früher Erreichte ungültig (ein zählbarer Misserfolg) und lässt das Thema «Ehe» nicht als etwas Stabiles erscheinen, für das sich einzusetzen belohnt wird. Da ist es allemal sicherer, in einer bekannten Hölle zu verharren als zu unbekannten Paradiesen aufzubrechen.

> *Es läuft immer auf dasselbe hinaus, wenn er es ernst meint: Er will in erster Linie etwas für sich.*

Er will kein Verlierer sein, er will nicht, dass man ihm weh tut, er will kein Risiko. Jetzt könnte man als Frau daraus folgern: «Okay, dann geh' ich volles Risiko und hoff', er ist es wert.» – Don't even think about it! Denken Sie nicht einmal daran!

Rivalität belebt seine Sinne

Liebe Leserin, beim letzten Mal schrieb ich, eine Frau solle nicht einmal daran denken, mit vollem Risiko auf den Mann ihres Herzens zuzugehen, in der Hoffnung, er sei es wert. Er mag es ja wert sein,

> *aber was nützt einem der größte Mut, wenn die verwendete Technik völlig unpassend ist.*

Wenn es darum geht, ein Ziel zu erreichen, hier also einen Mann für sich zu gewinnen, sind Richtung und Vorgehensweise entscheidender als Tempo. Schnelligkeit ist nur dann wichtig, wenn die Haltbarkeit des Zielobjekts arg begrenzt ist. Aber eine Liebe mit knappem Verfallsdatum wäre auch ein Widerspruch in sich. Nun entsteht das Gefühl der Liebe schneller als die Lebensumstände, die üblicherweise mit ihr einhergehen sollten: häufiges und langes Miteinander, Exklusivität der Aufmerksamkeit, kooperatives Verhalten. Da Frauen rasch zu einer Festlegung kommen können (Männer meist nicht) und diese dann auch umsetzen möchten, entsteht aus der Ungeduld die initiative Frau. Sie ist ein Phänomen der Neuzeit und ein Problem der Neuzeit. Bis vor kurzem gab es so etwas nicht. Da waren Frauen schicklich, schüchtern und schön zugeknöpft. Heute sind sie geschickt, initiativ und bauchfrei. Punkt eins und drei gehen ja in Ordnung, aber das mit der

Initiative ist ganz schlecht. Wenig Aussicht auf Erfolg. Das Stichwort lautet hier: Musterkollision.

Man muss den zugrunde liegenden Mechanismus verstehen. Der sieht kurz umrissen so aus: Seitdem wir uns nicht mehr von hungrigen Fressfeinden beißen lassen, überleben nicht mehr nur die stärksten Verteidiger und produzieren Nachkommen, sondern alle. Klingt ja wünschenswert, hat aber einen Haken. Da sich die Streitlust jetzt nicht mehr nach außen ableiten ließ, sich aber auch nicht gleichzeitig zurückgebildet hat, richtete sie sich nach innen, auf die eigene Art. Es entstand der innerartliche Rivalenkampf, wobei es allerdings nicht ums Vernichten, bloß ums Siegen ging. Der Sieger wurde nicht schlicht durch Kraftmessen ermittelt, sondern durch Gunstgewinn bei den Mädels. Bei unserer Art ist es nämlich so, dass die Frauen auswählen. Da erzähle ich Ihnen wohl nichts Neues. Männer wissen das zwar nicht, ahnen aber sehr wohl, dass sie sich anstrengen müssen. Sie glauben daher, dass Potenz im weitesten Sinne ausgewählt wird. Frauen richten sich aber nicht unbedingt nach Kraft, vielmehr nach sehr unterschiedlichen Eigenschaften. Das kann Schönheit, Zierlichkeit, Reichtum, Hilfsbedürftigkeit oder was auch immer sein. Jedenfalls ist es so, dass eine Frau quasi virtuell eine Greencard oder die Rote Karte verteilt. Wer Letztere bekommt, will es oft nicht wahrhaben, legt Widerspruch ein. Aber wenn eine Frau sich gegen einen Mann entschieden hat, kann der rote Rosen regnen lassen; das verdunkelt allenfalls den Himmel. Das Muster – zwei Männer, eine Frau – kennen wir, das ist Rivalität, da müssen wir was tun.

Liegt aber das Muster andersherum vor – zwei Frauen, ein Mann, tritt Musterkollision auf. Zwei Betrachter registrieren dieselbe Sache völlig verschieden. Dann wird's schwierig für die initiative Frau, die volles Risiko gehen will. Sie sollte es lassen, denn

ein Mann kämpft nicht um eine Frau – nicht in dem Sinne, wie eine Frau sich das vorstellt.

Ihre Idee davon ist, dass seine Liebe zu ihr, der Geliebten, mit dem Verantwortungsgefühl gegenüber der Ehefrau kämpft. Sehr romantisch, idealistisch. Wie so oft, ist die nackte Wirklichkeit nicht so schön anzusehen: Dem Mann ist das eigentlich total egal, weil aus seiner Perspektive sich folgendes Bild ergibt: Für ihn ähnelt die Situation nicht einem Rivalenkampf, sondern einem Harem, in dem sich bloß zwei Frauen zanken. Er kämpft nicht um die Geliebte, weil er nur störende Rumzickerei wahrnimmt. Das Mittel dafür ist aber nicht die Entscheidung für eine der Streitenden, sondern das Ruhigstellen beider. Er kann nicht kämpfen, weil er keinen Rivalen und damit keine Rivalität wahrnimmt. Wir, die Jungs, sind es, die die instinkthafte Vermutung auf Eroberungsverpflichtung in uns spüren. Wenn Eroberung aber vorbei ist oder gar nicht benötigt wurde, weil die Frau uns erobert hat, kehren wir zur bloßen Besitzverwaltung zurück.

Was tut also Not, um den Auserwählten für sich (allein) zu bekommen?

Er (!) benötigt dringend eine Rivalitätssituation. Denn dann springt bei uns der Eroberungsinstinkt korrekt an.

Nur dann kommen wir in Wallung. Die Antwort lautet also: Gehen Sie kein volles Risiko, gehen Sie nicht auf ihn zu, sondern wecken Sie seine Instinkte. Gehen Sie auf den Mann neben ihm zu!

Vier Voraussetzungen, damit er um Sie kämpft

Liebe Leserin, wann kämpft ein Mann um eine Frau? Jedenfalls nicht, wenn die Frau um den Mann kämpft, was meistens der Fall ist, wenn es nur diesen einen Mann, aber zwei Frauen gibt. Er müsste in dem Fall mit sich selber ringen, um sich für eine von beiden zu entscheiden. Ein sehr exotischer Gedanke, wenn man bedenkt, dass Männer zur Kategorie homo oeconomicus gehören: Kraftaufwand, um hinterher genau die Hälfte von dem zu bekommen, was man zu Beginn schon hatte. Vergessen Sie nie:

*Die Männer, die heute rumlaufen,
sind die Söhne von klugen Feiglingen.*

Das Erfolgsmotto lautet immer noch: Nicht kämpfen, wenn's nicht nötig ist. Spart Kraft und Blamage.

Wenn eine Frau also unbedingt möchte, dass ein Mann um sie kämpft, dann muss sie nur die richtigen Voraussetzungen dafür schaffen.

Sie muss erstens von ihm begehrt werden, zweitens muss ein Rivale da sein, drittens muss der Preis hoch sein und viertens muss er noch die Chance sehen, sie als Erster zu erreichen. Das ist die ökonomische Gesetzmäßigkeit der Marginalbestimmtheit von Kosten und Nutzen. Kennt jeder, wenn man an das Beispiel des Verdurstenden denkt: Für den ersten Schluck Wasser gäbe er Gold und Diamanten. Danach würde er für jeden weiteren nicht mehr soviel geben, und wenn der Durst gelöscht ist, dann ist Wasser wieder wertlos (und er will eventuell sein Gold, wenigstens aber die Diamanten wieder zurück). Kurzum: Hat man schon viel von etwas, dann ist der Nutzen einer weiteren, zusätzlichen, nicht dringend benötigten Einheit nicht besonders hoch und die Kosten für das Erlangen dieser Einheit bestimmen den Preis aller Einheiten. So, und jetzt ersetzen Sie «Durst» durch «Trieb» und «Wasser» durch «Frau». Wenn Ihnen dann übel wird, haben Sie viel vom ökonomischen Männerdenken verstanden. Wenn Sie also immer noch einen Mann haben wollen, müssen Sie bloß die Gesetze richtig anwenden.

Die erste Voraussetzung ist nur leicht zu erfüllen, wenn Sie die einzige Frau weit und breit sind. Sind Sie das nicht, haben Sie ein Problem.

Hat er ein Laptop mit Internetzugang, dann haben Sie ein großes Problem, das sich «totale Konkurrenz» nennt.

Das lässt sich nur lösen, indem Sie Ihren Wert relativ erhöhen, d. h. ein Alleinstellungsmerkmal bekommen, das Sie vor der Austauschbarkeit durch andere schützt. Was das ist, ob gute Figur, Treue, Fruchtbarkeit etc., hängt davon ab, was diesem Mann, der Ihnen gefällt, gefällt. Na ja, es wird schon etwas sein, das auch anderen Männern gefällt. (Ist das nicht so, haben Sie mit Sicherheit einen Patienten vor sich, keinen potenziellen Partner. Der gehört aber nicht in Ihr Bett, sondern auf die Couch eines Therapeuten.) Damit sind wir bei der zweiten Voraussetzung, dem rivalisierenden Mitbieter. Kein Mitbieter, kein Markt und damit keine ökonomischen Gesetzmäßigkeiten. Klassisches Beispiel ist der Harem – ein Nachfrager bei reichlich Angebot. Das war ökonomisch pervers und wurde daher obsolet, weil man neben dem Problem des abnehmenden Grenznutzens zwei neue Probleme bekam – ein Ernährungsproblem und ein Kontrollproblem. Aber das Modell war beliebt. Zurück zum Markt. Der erstrebte Mann muss also einen Mitbieter präsentiert bekommen. Das ist wörtlich gemeint:

Denn lässt sich eine Frau eng auf den Mitbieter ein, wird der plötzlich zum Vorbesitzer und die Frau zum Second-Hand-Angebot.

Das ist ökonomisch gesehen ein ganz anderer Markt. Da möchte ich lieber nicht drauf eingehen. Dann ist die Sache nämlich vorbei, weil sich die vierte Voraussetzung nicht mehr erfüllen lässt – der Erste, d. h. der Sieger zu sein. «Okay, dann such' ich mir eben 'ne andere Kuh!», sagte der unterlegene Hirsch zum röhrenden Platzhirsch. «Die will ich auch gar nicht mehr!» und verschwand im Wald.

Diese Reaktion gilt es also zu vermeiden, indem man das Angebot (sich selbst) schwierig, aber immer noch erreichbar macht. Damit sind wir bei der dritten Voraussetzung, dem steigenden Preis. Hier ist mit «schwierig» jetzt «teuer» gemeint. Das mit dem Preis ist übrigens das Unökonomischste an der ganzen Sache.

Denn Preis ist das, was man aufwendet, Wert ist das, was man dafür bekommt.

Jetzt wird's bei Männern komisch: Beobachten Sie mal, wann die am liebsten Aktien kaufen. Immer dann, wenn das Zeug teurer wird.

Wird es jeden Tag billiger, verdirbt es denen den Appetit auf Zukäufe. Bescheuert, nicht wahr? Das lässt sich aber wie folgt erklären: Der Preis steigt, weil immer mehr Mitbewerber dasselbe Zeug haben wollen, andere es aber nur zögerlich hergeben. Durch die bloße Tatsache, dass andere es auch wollen, fühlen wir uns schon sicher, weil es uns die Angst nimmt, allein als Depp dazustehen. Den Aufpreis (über den Wert) zahlen wir für das «gute Gefühl». Wenn es ihn richtig was gekostet hat, Sie zu bekommen. Dann wird er es auch wertvoll und stolz behandeln. Wie lange? Hängt leider vom künftigen Markt ab. Aber mit so was kennen Sie sich ja jetzt aus.

Wie wissen Sie, ob Sie ihm glauben können?

Liebe Leserin, Sie werden seit dem letzten Kapitel vielleicht denken, das war alles zu theoretisch und zu ökonomisch betrachtet. Heutzutage muss das auch anders gehen. Man lernt jemanden kennen, man spricht, erfährt von den Vorstellungen des anderen, erkennt (Un-)Ähnlichkeiten und man kommt sich näher. Die fromme Helene des Wilhelm Busch frönt heutzutage lieber ihrer Liberalität hinter einem Busch. Das ist immerhin eine Errungenschaft! Okay, dem stimme ich ja zu. Aber dann gibt es da noch den Fluch der guten Tat: Egal wie viel Initiative eine Frau gezeigt hat, egal wie viel man vorher miteinander geredet hat, egal wie intensiv die gemeinsamen Zeiten waren ... «plötzlich und unerwartet ging er von uns». Das klingt nicht nur wie in einer Todesanzeige, in so eine «Beziehung» können Sie tatsächlich Sand reinschütten, um sie zu beerdigen.

Aber wie sonst kann man herausfinden, ob man sich auf einen anderen Mann verlassen kann, wenn nicht durch Reden mit ihm, um ihn besser kennen zu lernen? Nun, Reden ist dann das Mittel der Wahl, wenn das begleitende Handeln nur mit Logik zu tun hat, wie z. B. in der Beweisführung vor Gericht oder im Hörsaal für höhere Mathematik. In niederen Gefilden des alltäglichen Lebens hat Reden den verführerischen Vorteil, dass man mit Worten so prima lügen kann. «Oh, ich habe mich so nach Dir gesehnt, dass ich sofort kommen musste!» ... (Deshalb war keine Zeit mehr da, vorher noch Champagner oder Blumen zu besorgen.) Das wäre mir zu ökonomisch und zu theoretisch.

Sie wollen letztlich gar nicht wissen, was Er denkt. Eigentlich wollen Sie wissen, ob Sie ihm glauben können! Sie suchen Verlässlichkeit! Wie verlässlich ist der andere? Lohnt es sich, auf ihn zu setzen?

> *Welche Liebesbeweise sind brauchbar? Und da gibt es nur eine Antwort: Es sind die teuren!*

Nur diejenigen Liebesbeweise sind verlässlich, die ihn richtig was gekostet haben – und hier ist nicht primär Geld gemeint. Sie müssen Ihn belasten!

> *Die Belastungsprobe zeigt, wie stark die Bindung ist. Zärtlichkeit und Zuwendung beweisen nichts.*

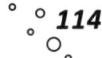

Wenn die einen Partner binden könnten, würden Scheidungsanwälte unter Brücken leben.

Wie also entlarve ich einen Betrüger? Antwort: Erhöhen Sie Ihren Preis, machen Sie sich teuer! Ein Bewerber, der es ernst meint – also bereit, willig und fähig ist – wird einen hohen Aufwand nicht scheuen. Für einen Betrüger wäre jeder! Aufwand zu hoch. Wenn es teuer ist, signalisieren Sie gleichzeitig dem Mann, dass es Wertvolles zu gewinnen gibt. Je mehr Aufwand ein Bewerber bereit ist zu leisten, um so stärker ist das Signal der Ernsthaftigkeit. Wenn der Bewerber etwas verlieren kann, das für Ihn sehr kostbar ist (Geld, Zeit, Mühe, Ansehen ...), dann ist sein Begehren ernsthaft. Nur dann können Sie ihm verlässlich glauben. Sie wollen nicht wissen, Sie wollen glauben.

*Glauben ist hundertmal stärker
(nicht unbedingt besser) als Wissen.*

Nehmen Sie ein offensichtliches Beispiel: Egal was ein Raucher über Schädlichkeit weiß, er glaubt, er wirkt damit gut, ihn wird es nicht (so hart) treffen, und er glaubt, er könne rechtzeitig aufhören. Selbst die Initiatoren der Warnhinweise glauben, Raucher hätten ein

Informationsdefizit, also fehlendes Wissen. Naja. Zurück zu den Betrügern und den Ernsthaften.

Das Entscheidende sind nicht Infos, sondern Signale. Zeichen erzeugen Glauben und Glauben ist stabiler als Wissen. Altes Wissen kann durch neue Fakten ungültig werden. Glaube nicht. Der verhält sich invariant gegenüber Wissenszuwachs.

> *Wenn nun ein Signal ein glaubhaftes Zeichen werden soll, dann muss es zuverlässig sein. Um als zuverlässig eingestuft zu werden, muss es kostspielig sein.*

Der hohe Preis, den einer zu zahlen bereit ist, macht ihn glaubwürdig.

Jetzt kommt die niederschmetternde Schlussfolgerung:

> *Der Mann, der sich zurückzieht, ist keinen Aufwand wert.*

Er glaubt, das wär' cool. Aber statt Wertigkeit signalisiert er Unwert. Sich zurückzuziehen ist das exakte Gegenteil von hohem Aufwand. Was kostet es, nicht anzurufen? Antwort: Gar nix. Kosten? Null. Signal: Schrott! Das Gegenteil von hohem Wert. Aber vielleicht hat er ja gute Gründe gehabt? Dazu dann mehr beim nächsten Mal.

Er zieht sich immer mehr zurück!

Liebe Leserin, beim letzten Mal erzählte ich Ihnen etwas von Signalen, von Glaubwürdigkeit und Betrügereien in der Beziehung. Dabei war ein wesentlicher Punkt, dass man sich auf Worte nicht verlassen kann, weil sie sich so prima zum Lügen eignen. Ernsthaftigkeit wird auch mit vielen Worten nicht annähernd so zuverlässig transportiert wie mit Signalen, die durch Handlungen ausgesendet werden. Eine dieser Handlungen, über die ich heute noch etwas erzählen möchte, ist der «Stumme Rückzug».

Folgende Situation: Nach Wochen intensiver Kontakte, beginnend mit warmen Ohren durch stundenlanges Telefonieren und fortgesetzt in heißen Nächten an langen Wochenenden, startet Er an irgendeinem Montag den plötzlichen, aber nachhaltigen Rückzug. Es wird Dienstag, es wird Mittwoch, kein Anruf, keine SMS von ihm. Upps! Was war passiert? Telefonieren hilft reparieren! Also ruft man den Mann an, um darüber zu sprechen – sofern er mal den Hörer abnehmen würde. Tut er aber nicht. Und ein Sack voll SMS wird zwar von ihm gelesen, aber nicht beantwortet.

Welchen guten Grund kann ein Mann haben, wenn er sich immer mehr zurückzieht?

Die Antwort lautet: «Keinen, bis auf einen – er liegt im Krankenhaus, hat beide Hände in Gips und Zungenlähmung.» Ansonsten gibt es nur schlechte Gründe, warum er sich nicht meldet. Z. B. weil er eine blöde Strategie gewählt hat: Frauen «anfüttern» und sich dann nicht melden, um die Frau in eine nachlaufende Haltung zu bringen. Ist zwar zunehmend beliebt unter Männern, aber dennoch als Signal unmissverständlich: «Baby, hier kriegst Du einen Betrüger!» Allein für den Versuch gehört er schon bestraft. Aber stattdessen kommt jetzt der übliche Einwand: «Ja, ich weiß aber, dass er viel zu tun hat…» oder «Seine Ex setzt ihn unter Druck…», «Es wächst ihm alles z.Z. über den Kopf…» Da gibt es ja noch mehr, aber es können keine guten Gründe sein. Denn gute Gründe lassen sich mitteilen und für die «verlassene» Frau nachvollziehbar darlegen, wenn es denn solche gibt. Gibt es aber nicht und das ist absolut sicher!

Wieso kann man das so verallgemeinern und sich da so sicher sein? Das liegt daran, dass selbst der stumme Rückzug (die schlechteste aller möglichen Reaktionen) laut ausspricht: «Du bist mir keinen hohen Aufwand (Erklärungen, Tröstungen) wert.» Er könnte jetzt protestieren und schnauben: «Das hab' ich nie gesagt!» Okay, seine Lippen haben das nie gesagt, aber sein Verhalten ist ein eindeutiges Signal. Und da liegt das Problem:

Wir können zwar mit Worten schweigen, aber nicht mit unserem Verhalten.

Das sendet immer ein Signal aus und wir können diese Signale verstehen. Unser Bauchgefühl meldet sich, sobald eine Botschaft eingegangen ist. Manchmal wollen wir die Botschaft bloß nicht wahrhaben. Aber das ist ein anderes Problem.

Dazu ein kleiner Exkurs: Warum haben Tiere keine Wortsprache ausgebildet so wie wir? Nun, weil sie keine brauchen. Ihre Signalsprache vermag alles Wichtige auszudrükken. Andernfalls hätte die Natur dafür gesorgt, dass Papageien, die ja Laute bilden können, in den Bäumen sitzen und Vokabeln lernen. Alle Lebewesen verzichten großzügig auf langatmige Erklärungen, nur wir nicht. Fehlt ihnen deshalb etwas? Nein, sie tauschen Zärtlichkeiten aus, Feindschaft, Treue, Mut und Warnungen. Alle verstehen einander und wissen auch, wann etwas ernst gemeint ist. Ernsthaftigkeit wird zuverlässig dadurch signalisiert, dass Mühen oder Risiken geschultert werden. Webervögel flechten aufwendige Nestkugeln für ihre Angebetete, nestschützende Elterntiere gehen Feinden kampfbereit entgegen oder locken sie unter Einsatz ihres Lebens vom Nest weg. Einem Betrüger wäre das eine zu aufwendig und das andere zu riskant.

Was machen wir dagegen: Wir setzen auf die Kraft der Worte, erfinden AGBs und Paragraphen. Bei wichtigen Verträgen schauen wir ins Kleingedruckte statt einander in die Augen. Wenn Sie eine Lebensversicherung abschließen, müssen Sie mal locker zwanzigtausend Zeichen zur Kenntnis nehmen (ohne die Zusatzbedingungen für Nichtraucher). Das hat ja alles seinen guten Sinn, aber wir überschätzen die Fähigkeit der Worte, Sicherheit und Klarheit zu übermitteln. Wenn Worte so klar wären, wären juristische Texte kürzer.

Das Problem der Worte ist, dass ihnen selbst die Eigenschaft fehlt, Zuverlässigkeit zu garantieren und Betrug auszuschließen.

Wenn überhaupt, dann ist Stimmlage, Intonation der Worte in der Lage, Verlässlichkeit zu transportieren. Das lässt jede SMS in einem neuen Licht erscheinen: «Zweifel garantiert!» Nicht digitale, sondern analoge Werte übermitteln den Grad der Echtheit einer Botschaft, sei es Jubel, Wut oder Seeligkeit.

Dagegen besitzen Mühen und Risiken diesen eingebauten Gradmesser für Echtheit sehr wohl.

Und wer keine Mühen oder Risiken schultert, drückt zuverlässig Unwert oder Betrug aus. Kommen wir zurück zu dem Mann, der sich immer mehr zurückzieht. Wo sind bei ihm die Mühen oder Risiken zu sehen? Wenn die aber fehlen, dann sagt das etwas aus über Liebesschwüre, Beteuerungen, Versprechungen, die er eventuell zuvor geäußert haben mag, um seine Ziele zu erreichen. Wenn es ihm jetzt zu aufwendig ist, seinen Rückzug verständlich zu machen, dann ist ihm die Person, von der er sich zurückzieht, genau so wenig wert. Bleibt nur zu hoffen, dass dieser Typ sich beim letzten Mal nicht noch vermehrt hat.

Lieblosigkeit kann man nicht vortäuschen, die ist immer echt ...

Liebe Leserin, nachdem zuletzt unser Thema war, wie man Zuverlässigkeit von Täuschung oder Betrug unterscheiden kann und wie in diesem Zusammenhang der «sich zurückziehende Mann» zu bewerten ist, möchte ich jetzt mit einer Quizfrage beginnen: «Kann man Lieblosigkeit vortäuschen?» Die Algebraikerinnen unter Ihnen werden gleich an C.G.J. Jacobi erinnert, der grundsätzlich empfahl: «Invertieren, immer invertieren», also ein Problem mal genau andersherum betrachten. Funktioniert hier auch: Liebe kann man vortäuschen. Aber wie täuscht man das Nicht-Vorhandensein von Liebe vor? Durch Aufmerksamkeit und Zärtlichkeit? Es wird klar: Lieblosigkeit kann man nicht vortäuschen. Die ist immer echt. Umgekehrt, also schon wieder invertiert, bedeutet das, man kann Lieblosigkeit auch nicht verbergen. What you see is what you get (Sie kriegen das, wonach es aussieht). Erneut invertiert, sind wir wieder bei den Liebesbeweisen, denen man trauen kann. Sie wissen ja schon, es sind nur die teuren, denen Sie trauen können. Alltagstauglich aus-

gedrückt: Es sind nicht die zärtlichen, sondern die anstrengenden.

Liebesbeweise müssen eine Bürde darstellen, keine Verwöhnung.

Liebe ist zwar nicht handlungsauslösend, aber
sie macht leidensfähig. Wer wirklich liebt,
nimmt bereitwillig eine Bürde auf sich. Wer
keine Bürde auf sich nimmt, der liebt auch
nicht!

Klassisches Beispiel: Vater kommt abends
nach Hause; kaum in der Türe, weder Mantel
noch Tasche abgelegt, springen ihm seine Kinder lärmend entgegen und an ihm hoch. Sie
fallen ihm nicht um den Hals, sie hängen sich
an seinen Hals. Das ist jetzt entscheidend: zum
Atmen, frei Bewegen ist das nicht geeignet; der
Vater toleriert, dass seine Kinder ihm das freie
Atmen und Bewegen erschweren. Sie stellen
für ihn eine Bürde dar. Aber eine, die er gerne
auf sich nimmt, weil er sie liebt. Würde er das
auch tolerieren, wenn es die Kinder des Nach-
barn wären (mal abgesehen davon, dass die
keine Motivation für solches Verhalten hätten)? Was machen kleine Kinder gerne, wenn
der Onkel bei der Familie übernachtet? Mor-
gens überfallen sie ihn grölend und hopsen so
lange auf seinem Bauch herum, bis die Mutter

rettend eingreift. Der brav Leidende nimmt die Bürde auf sich, weil er weiß, dass sie vorübergehend ist und den Kindern Spaß macht. Aber die Kinder tun es nicht allein aus Spaß, sie wollen ihn testen! Sie belasten ihren armen Onkel, um festzustellen, wie viel er toleriert. Instinktiv wissen sie, dass das ein Maß dafür ist, wie sehr er sie liebt. Ein Onkel, der statt solch belastender Körperkontakte lieber ein großes, teures Feuerwehrauto mitbringt und dann den Kindern sagt: «Nun geht und spielt mal schön damit (aber lasst mich in Ruhe)!», würde in den Augen der Kinder nicht beweisen, dass er sie liebt.

Dasselbe Prinzip zeigt sich in der Liebesnacht: Man wird nicht in Ruhe gelassen, kaum Bewegungsfreiheit, keine Distanz. Und der Kuss – wie viel Luft zum Atmen lässt er den Beteiligten? Vor kurzem zeigte das Fernsehen einen aus Gefangenschaft freigekommenen Vater am heimischen Flughafen. Kaum auf dem roten Teppich, rannte seine großjährige Tochter auf ihn zu, sprang vor unbändiger Wiedersehensfreude an ihm hoch und nahm ihn erneut in Gefangenschaft. Und er liebte es.

Es ist ein sehr, sehr glaubwürdiges Zeichen, dass wir lieben, wenn wir uns belasten, einengen, bedrängen lassen. Wir gestatten es nur sehr Wenigen, wodurch es zu einem zuverlässigen Test wird.

So müssen Liebesbeweise aussehen, denen wir trauen können. Zudem müssen sie oft erneut abverlangt werden. Das einmalige Gelübde am Altar bietet nicht die gleiche Verlässlichkeit. «Liebst Du mich?» Wer will darauf hören: «Ich dachte, das hätten wir schon besprochen!» Liebende necken sich immer wieder als Test auf Verlässlichkeit – gleich zu Beginn und auch noch nach Jahren. Aber ebenso hat jeder ein Gespür dafür, wann etwas an Belastbarkeit kommen muss, und was es bedeutet, wenn sie ausbleibt. Liebesbeweise funktionieren leider auch «invertiert» als Beweis für Nicht-mehr-Liebe. Schlimm ist es nur, wenn es gleich zu Anfang passiert. Da muss ich dann an Ben Franklin denken (der, der den Blitzableiter und die USA erfunden hat):

«Da wo es Heirat ohne Liebe gibt, wird es Liebe ohne Heirat geben.»

Und nicht vergessen: Test nicht bestanden? Schade und Tschüß!

Können Gefühle über Nacht einfach weg sein?

Liebe Leserin, jetzt habe ich Ihnen soviel erzählt von Signalen, dass Glaube wichtiger ist als Wissen und Glaubwürdigkeit nur analog, also graduell übertragen werden kann. Wozu ist das jetzt nütze? Nun, um gute und richtige Entscheidungen zu treffen, vor allem in einer digitalen Welt. Wenn es da um wichtige Entscheidungen geht, z. B. den Aufbau einer erfolgreichen Partnerschaft. Nicht nötig ist es für eine Sommerromanze o. ä. Aber sobald es um Festlegung geht und man ziemlich lange mit ihren Konsequenzen leben muss. Und letztere sollten einem dauerhaft gefallen.

Nehmen wir mal ein Beispiel. Auf einer Kontaktbörse im Internet filtern und finden Sie einen interessanten Mann. Sein Lächeln stimmt und sein Profil lässt ähnliche Wertvorstellungen wie die Ihren vermuten. Was tun? Anchatten? «Ja», wenn er eine Sommerromanze werden soll, «Nein» in allen anderen Fällen. Und zwar, weil eine der erfolgreichsten Techniken, unerwünschte Ergebnisse zu vermeiden, darin liegt, ihren Anfängen zu entkommen. Denken Sie an

Spielsucht: Wie entkommt man ihr? Antwort: Nicht mit Glückssielen anfangen! Genauso ist es hier:

Sie wollen einem Mann nicht hinter-herlaufen? O.k., nur gucken, nicht an-chatten!

Jetzt mögen Sie einwenden: «Aber ich will doch gerade jemanden dort kennen lernen; wie soll es denn passieren, wenn ich nicht die Initiative ergreife? Und ich will doch gerade Den kennen lernen.»

Auch hier ist die Antwort einfach und klar: Bei IHM muss es Klick machen – auf dem passenden Button. «Und was ist, wenn er das nicht tut?» Naja, vielleicht «steht er einfach nicht auf Sie» oder er ist fehlsichtig oder, oder, oder... Sie wissen doch:

Die Natur hat ihm diese instinkthafte Vermutung auf Eroberungsverpflich-tung mitgegeben.

Vielleicht eine dumme Sache für ihn, aber eine gute für Sie. Das alles ist nicht dadurch obsolet geworden, weil er es geschafft hat, ein Bild von sich hochzuladen. Im Gegenteil. Das weiß er auch, dass ER eigentlich was tun müsste, will aber nicht, weil er nicht braucht und braucht nicht, weil die «tollen» Frauen von heute das alles für ihn machen. Ganz der heut' so angesagte Energiesparer. Und wie verkauft man das einer Frau?

Mit 'nem Standardspruch:
«Ich suche nicht; ich möchte von der
richtigen Frau gefunden werden!»
Gott, oh Gott, was für ein Schrott.

Entwicklungsgeschichtlich betrachtet, sendet er gerade weibliche Signale aus und die initiative Frau männliche.

Und beide Seiten nehmen irgendwie wahr, dass das eigentlich so nicht richtig ist. Trösten sich aber mit dem Hinweis: «Die Zeiten haben sich geändert!» Stimmt, nur nicht die alten Muster. Die sind ererbt, erprobt und resistent gegen moderne Einsichten auf höherem Niveau. Sie müssen's ja nicht gut finden, aber wohl erstmal damit leben. Denn würden die erwarteten «modernen» Erfolge eintreten, müssten die Internetseiten nach kurzer Zeit wieder leer sein. Sind sie aber nicht und dann noch voll mit immer wieder den gleichen Gesichtern. Fragt «frau» nach, bekommt sie folgende Begründung: «Ich bin in mich gegangen und habe gespürt:

Es ist nur Freundschaft» (welch feines Gespür sich zeigt, wenn es kein störendes Jucken gibt), oder das zeitverzögerte Gespür nach ein paar Wochen:

«Plötzlich bin ich aufgewacht und habe gespürt, dass meine Gefühle weg waren.»

So ein Quatsch; am Morgen danach können vielleicht Socken weg sein, aber nicht echte Gefühle. Viel wahrscheinlicher war es, dass er schon ohne Gefühle (evtl. aber mit Socken) ins Bett gestiegen ist. Wieso kommt so etwas so oft vor? Das liegt daran, dass alle mitmachen, alle zuviel digital und zu wenig analog unterwegs sind.

Es werden zu wenig Echtheitsgrade transportiert.

Einem Internetprofil kann man nicht ansehen, ob es echt ist. Im realen Leben müssen die Jungs sich bewegen, sprechen, lächeln – kurz, sie müssen Signale aussenden, die Gefühle auslösen von Sympathie, Skepsis etc. Das ist aber riskant. Man(n) könnte ja abgelehnt werden. Aber klicken Sie ruhig auf Bilder und chatten Sie hübsche Fotos an. Wenn Sie sich

an den Konsequenzen dieses Tuns dann er-
freuen können, war's ja richtig. What you chat,
is what you get: Buchstaben und das Abbild
von einem Mann.

Welche Frauen die Männer verderben

Liebe Leserin, die Zeiten haben sich geändert, die Männer auch. Es ist tatsächlich schon 25 Jahre her, dass Ina Deter forderte: «Neue Männer braucht das Land!» Und, hat es sie bekommen? Aber ja doch! Sind wir jetzt zufrieden oder sogar happy? Anfangs schon. Nur bei der Nachhaltigkeit müsste Mann noch mal ran. Denn Nachhaltigkeit bedeutet Festlegung, und die bedeutet Verzicht auf Flucht, wenn's schwierig wird. Keine Fluchtmöglichkeit zu haben, zwingt zur Auseinandersetzung; aber Auseinandersetzung …? Was ist das? Doch wohl nicht so was, was mit Streit, Anstrengung, gar Kampf zu tun hat? Das will hier keiner mehr! Nicht Anstrengung und Belohnung, sondern Förderung und Verständnis von Gehandicapten gilt derzeit als Kulturleistung. Je größer die Fehltritte, desto größer die Bereitschaft zu entschuldigen.

Eine Gesellschaft mit Verwöhn-Aroma. Und das kriegen Männer schon sehr früh in die Nase – allerdings von Frauen!

Bei jüngeren Männern sind es die Mütter, bei älteren die Ex-(Ehe)frauen. Das Verwöhnen setzt bei Söhnen zu Hause ein, mit dem «Verzicht» auf Selbstbedienung («Hotel Mama») und außer Haus mit einer Überfülle an Angeboten, jetzt aber mit Selbstbedienung: Alles verführerisch verpackt, lässt sich anfassen und ausprobieren. Dass Jungmann sich dabei nicht entscheiden kann, liegt am Shopping-Effekt. Den wiederum kennen vor allem Frauen. Denken Sie an eine dieser Einkaufsstraßen, in denen sich Schuhgeschäft an Schuhgeschäft reiht. Wenn Sie im ersten Laden was Passendes finden, kaufen Sie es (noch) nicht, sondern man geht zuvor noch mal rasch rüber und schaut nach, was die anderen so haben. Letztlich klappert man auf diese Weise die ganze Konkurrenz ab und – kann sich nicht entscheiden. Schließlich geht man in den alten Schuhen wieder nach Hause. Der Effekt setzt immer dann ein, wenn die nächste Alternative ohne großen Aufwand überprüfbar ist. Hätte es sich bei dem ersten Laden um den einzigen im Dorf gehandelt, wäre es sehr wohl zum Kauf gekommen. Fazit:

Viel Auswahl, leichte Überprüfbarkeit von Alternativen und schon bekommen alle keine Lust auf Festlegung.

So ist das halt in Paradiesen – unnatürlich. Ältere Männer dagegen erfahren die Verwöhnung auch durch Frauen, jetzt aber durch Ex-(Ehe)frauen. Nicht die eigenen, sondern durch die Ehemaligen anderer Männer! Um das zu verstehen, stellen Sie sich am besten einen Swimmingpool vor. Früher, also noch vor Ina Deters Zeiten, standen die festlegungswilligen Männer am Rand des Beckens in der erklärten Absicht, sich eine Jungfrau zu angeln. Im Pool schwammen damals meist nur solche rum. Die wiederum guckten sich das Angebot an und paddelten nur in die Nähe dessen, von dem sie geangelt werden wollten (schon damals galt: Männer bieten sich an, aber Frauen wählen aus – nur im Bordell ist's andersrum). Solange ausschließlich neue Jungfrauen das leerer werdende Becken wieder auffüllten, wurden die Chancen der älteren Jungs immer schlechter. Das hat sich drastisch geändert – durch Ex-(Ehe)frauen. Um im Bild zu bleiben: Die sprangen jetzt ebenfalls wieder in den Pool mit dem Effekt, dass der nie wieder leer wurde. Es kam sogar zum konkurrierenden Gedränge unter den Frauen, was sie vermehrt zwang, nicht lange auf ein Geangelt-Werden zu warten und selbst die Eroberung zu starten. Fazit: Selbst Loser konnten jetzt nicht mehr verlieren. Kein Wunder, dass dann vor

12 Jahren «Die Doofen» sangen: «Nimm mich jetzt, auch wenn ich stinke ... » Die ganze Konfusion gipfelte dann in der Schöpfung des Unwortes «metrosexuell». Das also war oder sollte der neue Mann sein? Metrosexuell? Was ist das? Macht das auch Flecken weg? Wer braucht so was? Aber einen Hinweis liefert dieses Wort tatsächlich: Der Mann ist nicht mehr in freier Wildbahn. Er ist städtisch geworden; statt Jagd und Konkurrenz erlebt er Fütterung und reichlich Angebot für alle. Aus Löwen und Tigern sind Zootiere geworden, die genau wissen, wann und wie sie gefüttert werden. Kein Wunder, dass die ihren Hintern nicht hochkriegen und jede anstrengende Bewegung meiden. Wozu auch? Aber, soll es so weitergehen?

Braucht das Land also schon wieder neue Männer? Nein, aber neues Verhalten und das nicht zuletzt bei den Frauen. Allerdings sehe ich da nur eine wirksame Perspektive: Männer müssen wieder ausgewildert werden!

Spontane Frauen sind uns unheimlich

Liebe Leserin, beim letzten Mal sagte ich ja, dass Männer wieder «ausgewildert» werden müssten, d. h. gefordert und erst dann belohnt werden müssten, bevor sie Haltungsschäden durch Bequemlichkeit entwickeln. Rechnen Sie in dem Zusammenhang aber nicht mit ernsthafter Kooperation seitens der Betroffenen. In den Jahren, in denen wir unsere Verwöhninstinkte kultiviert haben, hat sich die Welt ein bisschen zu rasch gewandelt. Und für raschen Wandel sind wir nun mal nicht korrekt vorprogrammiert. Ob Sie's nun wundert oder nicht:

Uns Männern geht alles viel zu schnell.

Wer zur Jahrtausendwende noch Europa-Manager einer innovativen High-Tech-Firma war, sah sich kurz darauf als Arbeitsloser, der bei der Jobsuche mit seinen 40 Jahren keinen Vorzug mehr gegenüber zwei Zwanzigjährigen in die Waagschale werfen konnte. Es sind schon schlimme Zeiten, wenn Verlässlichkeit nicht mehr erlebt wird. Worauf kann man sich noch verlassen, wenn ein zweiwöchiges Casting oder profunde Kenntnis über Teletubbies in einer Rateshow einen schneller zum Millionär machen können als eine lange und einsatzfordernde Ausbildung? Aber das ist ja nur die technische Seite der Welt.

> *Viel schlimmer ist es mit der Veränderung der anderen Hälfte der Welt, den Frauen. Denen scheint der rasche Wandel Spaß zu machen.*

Selbst allein erziehend entwickeln die noch Drive und Lust auf Neues. Kaum ein Bereich, in dem die nicht vertreten sind und auch noch klarkommen. Die treten überall als Konkurrenz auf und machen sogar im-Hochwassergestandene Kanzler über Nacht arbeitslos.

> *Nicht genug, dass sie konkurrieren, sie siegen auch noch – einfach widerlich!*

Die Verlässlichkeit unseres Frauenbildes ist total zerstört, was wir aber erst nach der ersten Beziehung merken. Zuerst bemerken wir's nicht, weil Frauen so aussehen und sich anfühlen, wie wir es erwartet haben. Aber dann:

Dann werden sie spontan! Aber spontan heißt für uns nur: unkontrollierbar, veränderlich, nicht verlässlich. Auf dem Oktoberfest mag Männern das ja unterhaltsam erscheinen, aber ansonsten hat Spontaneität keine Qualität, die Männer suchen. Frauen dagegen beschreiben sich selbst gerne als spontan.

> **Nur letztlich will kein Mann eine spontane Frau, jedenfalls nicht als Ehefrau. Als Partnerin wollen wir eine Frau, die wir «im Griff» haben.**

Das ist unser altes «Fernfahrersyndrom» – wir wollen eine Frau, die hundertprozentig hinter uns steht. Heißt im Klartext: Wir wollen eine Frau, die hundertprozentig hinter der Wohnungstüre steht und ausharrt, bis wir wiederkommen ... und die Türe nicht in unserer Abwesenheit aufmacht, nicht rausgeht und überhaupt keine «spontanen» Aktionen macht.

Rechnen Sie sich jetzt mal die Chancen aus, die eine Frau hat, die spontan auf einen Mann zugeht oder ihn im Internet anklickt. Wenn die Pech hat (und die Chancen auf Pech wachsen mit dem Alter), trifft sie auf einen Mann, der zuvor nach langem Investment in eine Beziehung deren «spontanes» Scheitern erlebt hat – aus seiner Sicht. Der ist nur noch von einem Gedanken beherrscht: «Was ist, wenn ich erneut Gefühle investiere und es geht wieder schief? In dieser Welt wird das nicht mehr belohnt.» Folglich ist es für ihn energetisch günstiger, vor einem langfristigen Neuversuch zu kneifen als Mut zu zeigen.

Für einen solchen Mann gilt: Genuss ohne Treue gibt Spaß ohne Reue.

Und darin besteht seine optimierte Anpassung an eine sich zu schnell wandelnde Welt: Jederzeit sprungbereit und rechtzeitig selber die Partnerin wechseln, bevor es anstrengend wird. Das macht «fit for wife».

Verlässlichkeit ist das, was fehlt. Wenn viele mühsam erlernte Werte der Mühe nicht mehr wert sind, warum sich dann noch bemühen? Das Problem ist weit verbreitet und tritt eben nicht nur in der Partnerschaft auf. Dass Frauen künftig auf Scheidungen verzichten und zuverlässig ausharren, egal wie weit Er in die Ferne schweift, würde auch nicht wirklich helfen.

Aber Verlangsamung des Tempos könnte hilfreich sein. Verlässlichkeit wird durch Beständigkeit, durch Wiederholung und durch Rituale erlebt.

Und wir könnten da zurückgreifen auf bereits Erprobtes: das Balzritual. Geht langsam, geht mühsam und geht von IHM aus (sieht aber keine Spontaneität seitens der Umworbenen vor).

Da kommen wir dem Auswildern einen Schritt näher: Er muss sich anstrengen und danach wird er belohnt. Und als Belohnung wollen wir dann natürlich alles von unserer Umworbenen – alles außer Veränderung.

Wie Sie garantiert nicht den Richtigen finden

Liebe Leserin, wie findet man den richtigen Partner? Modern wie wir sind, googeln wir ihn uns erst einmal. Und siehe da: In 0,12 Sekunden haben wir die «top ten» aus ungfähr zweieinhalb Millionen Treffern. Okay, modern wie wir sind, wissen wir ja schon, dass man bei Anfragen an eine Datenbank evtl. seine Suchkriterien verfeinern muss, wenn zu viele richtige Antworten gefunden werden. Tolle Logik unserer Zeit: mehr Fragen stellen, um weniger Antworten zu bekommen.

> *Aber gerade auf der Suche nach dem Richtigen kann man keinen größeren Fehler machen als genaue Vorstellungen zu entwickeln, was man will:*

Er soll größer sein als ich, einfühlsam, treu, brünett etc. Wie bei Partneragenturen: Da füllt man ja auch aus, ob er NR sein muss oder keine Katzenallergie haben darf. Wenn das nicht funktionieren würde, gäbe es die doch gar nicht! Nun ja, andersrum wird auch ne Logik draus: Wenn die besonders erfolgreich wären, hätten sie schnell ausgedient, weil das Raussuchen von Übereinstimmungen im Computer ziemlich rasch geht – nur noch Adresse tauschen ... passt und hält! (M. a. W.: Der Kunde kommt nie wieder.)

Aber hier liegt auch die Erklärung, warum es Partnerbörsen mit Suchkriterien immer noch gibt – weil zu genau gesucht wird. Es werden zu präzise Vorstellungen davon fixiert, welche Eigenschaften der Richtige haben muss. Das Unheil fängt, wie immer, ganz banal mit Mindestvorstellungen an: Er muss mindestens 1,80 groß sein (sorry, George Clooney, da wärst Du mit Deinen fünf Fuß zehn Inches schon durchs Raster gefallen) und höchstens dies und das haben.

Das geht auch mit Best-of-Fragen wie beim Routenplaner: Der schnellste Weg von A nach B? Antwort: 76 Minuten via Autobahn. Auf der Karte sieht es aber ziemlich nach Umweg aus ... Warum hat der Computer nicht die Landstraße dazwischen gewählt? Antwort des Computers: Fahrtzeit 77 Minuten. Der Computer hatte Recht, aber die schnellere Strecke ist 59 Kilometer länger. Hm, bei den aktuellen Spritpreisen ..., aber Computer werten nicht, die sind ja objektiv.

*Partnersuche mit präzisen Vorstellun-
gen funktioniert wie Routenplaner
– sie mögen ja ne Übereinstimmung
finden, aber ob das Resultat es Ihnen
wert ist, sagt das nicht.*

Und es bildet überhaupt keine verlässliche
Grundlage für die Frage: Wird der präzise
gefundene Partner sich bewähren und bei mir
bleiben wollen oder ich ihn auf Dauer haben
wollen oder, oder?

Sind also klare Vorstellungen sind nichts
wert? Nun andersrum ist es richtig: Der Wert
klärt die Vorstellung, nicht die Aufzählung
von Merkmalen. «Wieviele Beine hat ein
Hund, wenn man seinen Schwanz als Bein mit-
zählt? Vier. Das Benennen macht aus dem
Schwanz noch lange kein Bein.» (Alte Fang-
frage von Abraham Lincoln. Das haben auch
die Betreiber von Datenbanken, z. B. für Rei-
sebuchungen gelernt:

*Es ist besser, ungefähr richtig zu lie-
gen als präzise falsch*

– wer ein Hotel am Strand sucht, akzeptiert
evtl. auch eines 100 m entfernt. Aus dieser Erkenntnis hat man das Prinzip der unscharfen
Suche entwickelt, weil Suchen auch was kostet,

und es schier unbezahlbar wird, wenn man einen Volltreffer sucht.

Daraus entstand das 80 : 20- Prinzip:
Man gibt sich mit 80 % zufrieden und lässt zu, dass 20 % «schief gehen» oder nicht so richtig passen,

weil es mindestens soviel kosten würde, die restlichen 20 % zu verbessern, wie die ersten 80 % gekostet haben, die gut passen.

Würde man dieses Prinzip auf Partnersuche übertragen, sähe das so aus: Man vergisst seine «klaren» Vorstellungen und sucht erst gar nicht nach einem Volltreffer. Man verlässt sich auf sein Wertesystem, das sich automatisch meldet, wenn man jemandem begegnet. Das sagt einem schon, ob er zu klein, sein akademischer Titel zu kurz oder seine Haut zu blass ist, um damit dauerhaft glücklich werden zu können. Es sagt einem aber auch, ob das im Vergleich zum Rest wirklich so wichtig ist.

Das ist ganzheitliche Wahrnehmung.
Die filtert besser als jede Checkliste.

Sie wollen ja auch nicht von ihm hören: «Ne Dunkelhaarige – geht gar nicht!»

Aber das ist wohl ein Problem unserer Zeit: Wir wachsen mit dem Glauben auf, dass es in der uns umgebenden Fülle ein Optimum gibt, das man durch Filtern findet. Und drunter machen wir es eben nicht. Und noch etwas: Wenn Sie mit einer Checkliste den hundertprozentig Richtigen finden wollen, und er der Einzige ist, der in Frage kommt, dann stehen Ihre Chancen ca. eins zu drei Milliarden. Wenn Sie ernsthaft an solche Volltreffer glauben, sollten Sie unbedingt auch mal Lotto probieren. Sechs Richtige sind da rund 206mal leichter zu treffen als diesen einen Richtigen. Relativ gute Aussichten.

Was Männer wirklich jagen und sammeln

Liebe Leserin, sind Männer wirklich Jäger und Sammler? Nicht nur das. Das sind sie zwar auch, aber anders als landläufig geläufig. Fangen wir mal mit dem Sammler an.

Sammeln lässt sich sinnvoll nur, was sich auch lagern lässt und während der Lagerung nicht allzu schnell verrottet, nicht zuviel kostet oder mit der Zeit im Wert steigt; also Bierdekkel, Autos, Immobilien etc. Man kann auch Eindrücke sammeln, aber man hat nicht lange was davon, weil die verblassen. Erfahrungen kann man sammeln, doch die dämpfen rasch die Sammelleidenschaft, sobald ein paar negative drunter sind.

Frauen lassen sich nicht sinnvoll sammeln, nicht nur wegen des Lagerungsproblems.

Historische Versuche (Harem) brachten regelmäßig Kontrollprobleme (welcher Mann meldet sich schon gerne, wenn die Stelle eines Eunuchen ausgeschrieben wird) und Ernährungsprobleme. Denn je größer der Harem durch die Sammelwut des Besitzers wurde, desto mehr Appetit entwickelten die gelangweilten Mädels bis sie wieder an der Reihe waren. Das wird teuer ohne Ölquelle. In Bezug auf Frauen können Männer also kaum als Sammler bezeichnet werden, denn

das Einzige, was Männer in Bezug auf Frauen sammeln, sind Optionen.

Aber vielleicht sind Männer dann wenigstens doch Jäger; oder das auch nicht? Nun, die Vorstellung stammt aus der ungenauen Beobachtung unserer Vorfahren bei der Kalorienbeschaffung.

Es fing damit an, dass man in einer Höhle ein Bild gefunden hat und ein paar alte Knochen. Das Bild hing nicht an der Wand, sondern war gleich auf die Wand gemalt worden. Es zeigte Jagdszenen, in denen Zweibeiner hinter Vierbeinern herliefen. Man nahm an, dass die Quadrupeden verloren haben und es anschließend einen Grillabend gegeben haben muss, weil das zu den rumliegenden Knochen passte. Daraus folgerte man, dass es in der Natur unserer Vorfahren lag, zu jagen. «In der Natur liegen» heißt m. a. W., dass die das immer so gemacht haben. Ok. Kurze Zwischenfrage: Wann haben Sie, liebe Leserin, zuletzt ihr Frühstück fotografiert oder an die Wand gemalt (nicht geschmissen! Wäre ein anderes Thema)? Ein ziemlich abstruser Gedanke, so etwas Normales im Bild festzuhalten. Man würde eher etwas Besonderes, z. B. ein Hochzeitsmahl im Bild festhalten ... Nur bei den Höhlenmenschen unterstellte man, dass sie etwas ganz Alltägliches gemalt haben und nicht eine rühmliche Ausnahme, von der ewiges Zeugnis abgelegt werden sollte. Ahnen Sie, worauf das hinausläuft?

Der Blödsinn mit dem Mann als Jäger fing recht früh an.

Dabei ist es – kalorisch betrachtet – viel rentabler, mit wenig Energieaufwand Erbsenschoten etc. zu knacken. Liegt auf der Hand. Lag aber nicht auf dem Höhlenboden, denn die Reste einer Erbsensuppe überdauern die Jahrtausende ganz schlecht und wurden folglich auch nicht gefunden. Nur die Idee mit dem Jagen überdauerte.

Es ist schon merkwürdig, wie selbstverständlich sich diese Vorstellung gehalten hat, dass Männer von Natur aus Jäger seien. Tatsächlich sind wie Steh- und Hocklebewesen und das schon lange vor Erfindung der Stammkneipe. Dass es mit dem Jagen so nicht gewesen sein kann, weiß jeder, der mal ein Ferkel einzufangen hatte.

Hinterherjagen macht eben schneller müde als satt. Was dagegen wirklich gut funktionierte, war: Fallen aufstellen, Gruben ausheben oder das Wild erschrecken und in einen Abgrund hetzen.

Das ist auch die Technik, die bis heute überdauert hat. Die beliebteste, weil effektivste Falle ist die Hoffnungsfalle. Die geht ungefähr so: «Ich kann nicht mehr ohne Dich leben. Gib mir nur noch etwas Zeit, bis ich blablabla geregelt habe. Ich möchte Dich nicht verlieren!» Grube-Ausheben ist da schon mühsamer und wird statt der archaischen Tiefbauvariante jetzt als Hochbau realisiert: Mann lockt das / die Weibchen in eine prachtvolle Hütte und «erlegt» den Fang in aller Ruhe. Dann wird «Grube» aber wieder zügig geräumt. Da capo.

Die dritte Technik, das Erschrecken, kommt erst dann zum Einsatz, wenn die Wirkung der beiden anderen Methoden nachlässt. Beispiel: Sie hat keine Lust mehr zu warten oder in prachtvollen Hotelzimmern erlegt zu werden und beginnt zu quengeln. Jetzt macht der

Mann etwas, was dem Prädikat «Jäger» gerecht wird: Er jagt ihr einen Schrecken ein, indem er sagt: «Du setzt mich unter Druck. Dann müssen wir es eben beenden!» Klar, dass die so Erschrockene den Abgrund vor Augen hat und daher lieber ihre Meinung ändert, als ins Nichts zu stürzen.

Ach ja, noch so ein Jägerlatein überdauerte bis heute: Männer, die gerne jedem Rock nachrennen, entschuldigen das genauso gerne mit ihrer natürlichen Veranlagung als Jäger. Totaler Unsinn. Wie war es wirklich? Ehen wurden von Eltern angebahnt durch Verabredungen und Feste. Damit der Handel klar ging, musste aber mindestens noch ein Kamel oder ne Kuh auf die Tochter draufgelegt werden. Alles viel effektiver als Jagen – für alle Beteiligten. Außer für das «so erlegte Opfer».

«Wie und wozu halte ich mir eine Geliebte?»

Lieber Leserin, beim letzten Mal erzählte ich Ihnen, wie Männer ihre Rolle als Jäger, Fallensteller und Sammler selber verstehen. Dabei zeigte sich, dass sie am liebsten Optionen sammeln, Hoffnungsfallen aufstellen und im Bedarfsfall Angst einjagen. Diese Techniken entfalten ihre Nützlichkeit vor allem anderen beim Thema: «Wie und wozu halte ich mir eine Geliebte?» Zwar werden dazu keine Kurse veranstaltet, aber ein gewisses Schema, nach dem alle vorgehen, ist ganz leicht zu erkennen. (Sie wissen ja: «Alle» heißt bei mir immer: «Die charakteristische Mehrzahl, also alle, bis auf endlich viele.» Man will ja unbedingt politisch korrekt sein, hat dafür aber nicht immer genug Druckspalten zur Verfügung. Zwangsläufig tut man also ein paar Männern Unrecht, die anders oder gar nicht vorgehen. Der Mann, um den es aber bei Ihnen, liebe Leserin, geht gehört wohl kaum zu dieser Restgruppe – sonst hätten Sie das Buch nicht bis zu dieser Stelle gelesen.) Also, was lässt beim Mann die Nachfrage nach einer Geliebten sprunghaft ansteigen? Günstig wirkt sich eine

(Ehe-)frau aus, die ihn nicht mehr als Lover begehrt und als Sieger verehrt, weil sie z. B. noch was anderes zu tun hat.

Er fühlt sich wie ihr Namensergänzungsmittel

mit Hypotheken und Kindern am Hals, die ihm die Luft zum Atmen nehmen. Ist der Mann dann noch so um die Vierzig ... Aber das ist keine notwendige Voraussetzung, meist aber eine hinreichende. Es geht auch in den Jahren davor und danach.

Also er leidet und sucht Linderung. Er leidet dabei an allem, außer an Sex bzw. der Gelegenheit dazu. Den gäbe es ja zwischen Parkplatz und Laterne, zwischen «kostenlos» und «bar bezahlbar». Er leidet vielmehr an Unsicherheit, die aus dem sicheren Gefühl erwächst, dass das hier noch nicht alles gewesen sein kann, er aber nicht weiß, wie und wohin es weitergehen soll. Es dämmert ihm, was er alles «eigentlich» nicht will. Es macht ihm Unbehangen, dass er die Kontrolle seines eigenen Schicksals abgegeben hat; ihm fehlt das Erlebnis, dass er – wie früher – ohne Verantwortung einfach nur spielen darf, und vor allem fehlt ihm das Gefühl, ein toller Kerl, ein Sieger zu sein. Letzteres ist aber ganz leicht wieder-

zugewinnen, einfach dadurch, dass ihn eine
andere Frau anlächelt. Der vertrocknete Held
saugt das auf wie der gleichnamige Schwamm
das Wasser.

> *Diese fast abgestorbenen Gefühle*
> *werden schlagartig wieder erweckt,*
> *das Belohnungszentrum in seinem*
> *Hirn fängt an zu rattern und bombar-*
> *diert ihn mit der Botschaft: «Da geht*
> *was!»*

Und es geht wirklich was los, nämlich das Unheil. Sein Sammlernaturell erkennt, dass es
sich hier um eine Option handelt, mit der man
alles machen kann, außer wegwerfen. Sein In-
stinkt als Fallensteller leitet ihn in seinem
Werbeverhalten. Er zeigt sich von allen seinen
besten Seiten – großes Kino. Naturgemäß ist
Frau beeindruckt und nimmt es persönlich.

> *Das heißt, sie glaubt, es ginge um*
> *sie, um ihre Person. Irrtum! Ihm geht*
> *es immer noch um ihn.*

Bei ihm läuft nämlich ein ganz anderer Film ab
als bei der Frau; um im Bild zu bleiben – zwei
Personen, ein Vorführraum, aber zwei völlig
verschiedene Filme.

Erste Szene: In endlich vielen Schritten schafft er es, mit ihr intim zu werden (übrigens: je moderner die Frau, desto weniger Schritte sind nötig). Sie sieht die Szene wie folgt: «Ich bin modern und nicht verklemmt.» Er sieht «Sie will es ja auch!».

Die zweite Szene trägt den Titel «Danach» – Sie sieht: «Mit Sex kann ich ihn an mich binden, den hat er ja nicht mehr mit seiner Frau oder den besseren bekommt er nur von mir.» Er sieht: «Bei Bedarf komm ich für Nachschlag gerne wieder.»

Dritte Szene: (siehe zweite Szene) und x-mal so weiter bis sie ihm eine «große Szene» macht. Die läuft dann aus ihrer Sicht so ab: «Wenn er mich wirklich liebt, dann wird er sich (bis dann und dann) für mich entscheiden. Ich muss ihm jetzt die Pistole auf die Brust setzen!» Aus seiner Sicht spielt sich ganz was anderes ab: «Entscheiden? Wieso? Ich hab doch von Anfang an gesagt, dass ich mich nicht scheiden lassen kann (wegen der Kinder, wegen der Hypotheken, ...). Dann müssen wir es eben beenden!» Das ist er, der große Auftritt als «Jäger». Er jagt ihr den ultimativen Schrecken ein. Wie kann er sowas tun, nach all dieser Zeit, die sie gemeinsam hatten, sich liebten, sich so gut verstanden und einfach perfekt zusammenpassten? Die Antwort liegt in einem Missverständnis auf Seiten der Frau: Sie glaubte die ganze Zeit, weil bei ihr Sex mit Liebe einhergeht, dass sie ihn mit Sex binden kann – selbst noch nachdem er präventiv schon mal gesagt hatte, dass er seine Frau nie verlassen würde.

**Aber Sex bindet nicht,
Sex belohnt nur.**

Genau das lief die ganze Zeit bei ihm ab – sein Belohnungszentrum wurde gefüttert. Kommt einem bekannt vor – Füttern macht fett und bequem und drohender Futterentzug macht «mutig». Was er dabei die ganze Zeit über seine Geliebte wirklich gedacht hat und welche Rolle Frau stattdessen spielen sollte, erzähle ich Ihnen beim nächsten Mal. Bis dahin gilt erstmal:

Füttern verboten!

Die Geliebte ist die Dumme

Lieber Leserin, die schlimmste Rolle, die ein Mann einer Frau im großen Beziehungstheater anbieten kann, ist die Rolle der Geliebten. Die Hauptrolle nimmt er selber ein und die Rolle des Regisseurs und des Publikums. Er sagt, was wer wo wie spielt und er ist der, der applaudiert oder Buh-Rufe äußert. Die Ehefrau spielt keine Rolle, die ist nur so da und die Geliebte spielt eine Nebenrolle, verkleidet als Hauptrolle. Der Titel des Stücks lautet: «Eigentlich müsste ich hier raus, aber ich weiß nicht, was ich stattdessen tun soll und wer weiß, vielleicht geht das auch wieder schief» und ist dem Hauptdarsteller auf den Leib geschrieben.

Das Vorspiel ist (typisch Mann?) schnell erzählt: Nach Jahren der Ehe hat er permanent die Hypotheken und manchmal die Kinder am Hals. Alles nimmt ihm die Luft zum Atmen. Er fühlt sich nicht mehr frei, erinnert sich aber noch genau an das Gefühl von damals:

Maximale Beliebigkeit bei minimaler Verpflichtung.

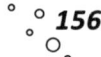

Wie konnte es nur dazu kommen, dass es jetzt genau umgekehrt ist?

Derart grübelnd begegnet er einer anderen Frau, die so einen Problemmann spannend findet und ahnt, hier könne sie was retten. Der Mann kann sein Glück nicht fassen und lässt sich bereitwillig retten, pflegen und verwöhnen. Klar, dass er ihr von seiner Situation erzählt und dass er nicht weiß, wie er sie lösen kann ... Aber er strahlt über sein unvermutetes Glück und die Retterin nimmt es hoffnungsvoll als Liebe wahr.

Hier hat das Schlimme seinen Keim: Während für sie etwas anfängt (eine neue Beziehung), hört für ihn etwas auf (das Leiden an der alten Beziehung).

Sie erkennt Lösung ihres Single-Problems und will sofort loslegen. Er erkennt Linderung seiner Ehesituation und will Zeit gewinnen.

Aber das sind ja nur Timing-Probleme, die sich mit Zeitablauf lösen ließen, gäbe es da nicht ein zweites Timing-Problem, das sich nie durch Zeitablauf lösen lässt: die Geliebte erfährt als Erste, dass es da noch eine andere gibt, die Ehefrau, die sie erst einmal billigend in Kauf zu nehmen hat. Fatal, fatal, denn die Geliebte hat die Wahl, die Ehefrau nicht, da sie es erst sehr viel später als Zweite erfährt.

Jetzt macht die Geliebte aber einen Wahrnehmungsfehler: Sie deutet die Situation des Mannes als noch nicht entschieden

– und wo noch nichts entschieden ist, ist Hoffnung.

Böse Falle Hoffnungsfalle.

Um den Mann für sich zu gewinnen, kommt toller Sex als unterstützende Maßnahme (wie von selbst) in Frage. Sie will es ja auch. Nur für ihn ist es ein finaler Zustand, die Linderung von Frust durch Lust – so kann's bleiben, denn «alle Lust will Ewigkeit» (Nietzsche). Aber es kommt noch schlimmer; jetzt kommt die Stelle im Stück, die der Teufel höchst persönlich geschrieben hat:

Die Frau, die weiß, dass es eine andere Frau an der Seite des begehrten Mannes gibt, lässt sich zur Komplizin in einem Ehebruch machen. In dem Moment, wo sie das toleriert, verwirkt sie (in den Augen des Mannes) ihren eigenen Anspruch auf Integrität.

Das muss im Moment kein Problem machen. Aber wenn die Geliebte die neue Partnerin wird und Er sie dann später mit einer weiteren Frau betrügt, würde er ihr bei Protest entgegenhalten: «Was regst Du Dich auf? Hast Du doch damals auch gemacht!» Grausam, grausam: Die Geliebte ist per se unanständig. Das ist dafür die Quittung. Aber soweit kommt es meistens nicht, weil sich der Mann nicht aus eigener Kraft trennt (wenn ein Ehepartner geht, dann ist es die Frau). Warum sollte er auch? Er hat das Beste aus zwei Welten: die eine kocht und putzt und regt ihn manchmal auf, die andere aber regt ihn an, wärmt und bestätigt ihn (beachte: Liebe ist für ihn nicht zwingend nötig). So wird das Elend mit der Ehefrau erträglich. Da haben wir's wieder, den Harem und die Unlust, eine Option wegzuwerfen. Und logisch ist es auch noch, weil er sich fragt: «Was ist mein Netto-Zugewinn, wenn die, die mich so nett liebt, auch noch putzt und spült?» Die Geliebte wirkt also wie ein Narkotikum oder wie Whisky bei dem Mann, der Zahnschmerzen hat. Der spült den schlimmen Zahn und schon geht's wieder. Und er macht das so lange wie noch Whisky in der Flasche ist. Erst wenn die leer wäre (und keine zweite verfügbar), würde er sich einer Wurzelbehandlung unterziehen. Aber eine Geliebte ist nie «wie

Flasche leer» (Trapatoni), da lässt sich immer noch was rauskitzeln. Und – gibt es da kein Happy-End in dem Stück? Na klar doch! Nur eben etwas einseitig für den Hauptdarsteller und das bereits in der ersten Nacht – das Happy-End des Leidens an der Ausgangssituation.

Erbseneintopf bei Mutti oder Wie man aus der Geliebtenfalle rauskommt

Lieber Leserin, wie kommt man raus aus der Geliebten-Falle? Hilfreich wäre es natürlich zu erkennen, ob man in einer solchen steckt (was nicht zwangsläufig auf jede Geliebte zutrifft – man kann die Rolle auch toll finden) oder ob man sich selbst in eine Grube hineingegraben hat. Dann sollte Regel Nr.1 für solche Fälle als Sofortmaßnahme angewendet werden: «Nicht weitergraben!» Also nicht mehr so weiterma- chen wie bisher, denn egal was Sie initiiert oder mitgemacht haben, es hat Sie in diese Si- tuation gebracht. Hoffen auf Besserung durch Fortsetzung und Abwarten sagt mehr über die Geliebte aus, als über den Mann auf den sie hofft. Das würde nämlich bei ihr auf ein ge- störtes Verhältnis gegenüber dem Thema «In- formationsverarbeitung» deuten: Sie sagt ihm (immer öfter) wie sehr sie ihn liebt und wie sehr sie unter der Situation leidet. Damit unterstellt sie Ihm ein Informationsdefizit in diesem Punkt. Hat der aber nicht. Dem ist das schon alles klar. Aber er sagt nix dazu, weil Sprechen bei ihm gleichgesetzt wird mit Festlegen und Festlegen gleichgesetzt wird mit Änderungsverpflichtung. Nur ändern wollte er ja nichts, sonst hätte er es schon längst tuen können.

Was passiert aber, wenn man bekannte Informationen wiederholt? Der Neuigkeitswert wird inflationiert, es wird langweilig, bis schließlich eine Gegenmaßnahme ergriffen wird, die den weiteren Zufluss nicht benötigter Informationen stoppt.

Das klingt dann aus seinem Mund so: «Wenn Du mit einer Freundschaft nicht klar kommst ...», oder «Ich will nicht, dass Du leidest, dafür bist Du mir zu wertvoll». Wenn das alles noch nicht Ruhe für ihn bringt, beendet er plötzlich, aber geräuschlos wie der Urknall den Kontakt. Er zieht sich zurück. Sollte es nach Wochen doch noch einmal einen Informationsaustausch geben, dann kommen von ihm Sätze wie «Ich hab Angst gekriegt, weil die Gefühle zu Dir zu stark geworden sind...», oder «Die Kopfentscheidung hat gesiegt», oder

(der Brüller in der Szene): «Ich hab' mich für meine Frau entschieden!»

Das ist so albern, wie seine Glückszahl auf zwei Nachkommastellen genau anzugeben.

Aber die Geliebte hat ja ein Informations-verarbeitungsproblem, das daher rührt, dass sie solche Worte wörtlich nimmt, was aber mit ihrer Erfahrungswelt nicht zusammenpasst. Denn sie weiß ja völlig zu Recht, dass Er tiefe Gefühle ihr gegenüber hat (sie hat ja keine Wahrnehmungsstörung) und hört jetzt, dass er das «einfach wegschmeißen will.» Das kann so nicht sein, deshalb lohnt es sich, um ihn zu kämpfen. Diese grobe Fehleinschätzung wird durch folgenden gedanklichen Verarbei-tungsfehler verursacht:

> *Aus der Live-Erfahrung, dass er in Momenten der Zweisamkeit tiefe Gefühle mit ihr erlebt und ausgelebt hat, folgert sie fälschlicherweise, dass er das permanent so will. Ist aber nicht so.*

Das würde noch nicht einmal stimmen, wenn es für ihn kostenlos wäre – was es natürlich nicht ist (siehe Scheidungskosten etc.) Denn nach gestilltem Verlangen herrscht Stille im Verlangen. Nach einem üppigen 5-Gänge-Menü (zum halben Preis oder gar umsonst) ist der sechste Gang der Gang nach Hause. Das Letzte, was Sie dann wollen, wäre ein weiteres 5-Gänge-Menü. Und schon gar nicht zum vollen Preis. So sind wir nun einmal «gestrickt». Und wie kommt es nur, dass mich das nicht wundert?

Aber darin liegt auch schon der Ansatz zur Befreiung aus der Geliebten-Falle. Lassen Sie ihn ruhig ein besonderes 5-Gänge-Menü kosten, aber nicht auskosten. Und tischen Sie es ihm nicht jedesmal auf. Am besten nur einmal und dann schicken Sie ihn immer dann, wenn er kommt, «liebevoll» zum Erbseneintopf nach Hause. Das soll seine Standardkost sein bis die Koliken ihre Wirkung tun. Reichern Sie das ganze an mit tröstenden Worten wie «Du gehörst zu ihr», «So schlimm ist sie doch garnicht, Du musst sie nur mit anderen Augen sehen», «Das renkt sich alles wieder ein, wirst schon sehen ...» Während er dann wieder von der Geliebten an den Ort zurückgeschickt wird, von dem er gerade flüchten wollte, lässt sie sich von einem Rivalen zum großen Abendessen ausführen. Das ist das, was die Geliebte am effizientesten aus der Geliebten-Falle / Grube rauszieht: der starke, männliche Arm eines (hoffentlich) ungebundenen anderen Mannes.

Und das muss als Maß der Dinge bekannt werden – der Mann, der für Sie in Frage kommt, muss Single sein.

Andernfalls werden Sie es nämlich bleiben!

Für alle gebundenen Männer gibt es tröstende Worte und eine genaue Ansage: «Ab nach Hause!»

Wann hat ein Mann sich gültig getrennt?

Liebe Leserin, o.k., Geliebte war gestern – ab heute nur noch Männer, die frei und ungebunden sind! Guter Vorsatz, braves Mädchen! Nur, wann hat sich ein Mann gültig getrennt und woran erkennt man das zuverlässig? Nun, erst einmal an seinen Worten, daran, worüber er redet! Jetzt sind Sie baff, nicht wahr? Hätten Sie nicht gedacht, das von mir zu hören, der nicht müde wird zu predigen:

«Ein Mann, ein Wort, ein Mülleimer!»

Da können Sie die dann reintun und entsorgen, weil Worte nichts wert sind, keine Verbindlichkeit darstellen. Mit Worten kann man prima lügen, mit Taten nicht.

Es ist aber kein Widerspruch. Der entscheidende Unterschied ist der, dass Frauen so etwas wie eine Sortiermaschine im Ohr haben, wenn sie erst einmal von einem Mann fasziniert sind. Die bewirkt nun, dass sie zwar alles hören, aber unterschiedlich und auch falsch gewichten. Okay, das können Männer auch.

Es ist eben eines dieser Mysterien unseres Großhirns, dass es neue Informationen bevorzugt, die mit bisherigen Informationen nicht im Widerspruch stehen und deshalb auch keine unangenehmen Gefühle auslösen.

Die anderen werden ausgesiebt, nicht weil sie falsch sind, sondern weil sie häßlich sind. Stellen sie sich nur die viktorianischen Ladies vor, wie die auf Darwins Vortrag reagierten, als er ihnen darlegte, wie ähnlich sie den Affen im Urwald sind. Die feinen Damen äußerten keinen Widerspruch, sondern Ekel. Die fanden den Gedanken falsch, nicht weil er unlogisch war, sondern weil er unangenehme Gefühle in ihnen auslöste.

Fazit: Gefühle können schlechte Filter sein; deshalb Begeisterung dämpfen und weiter zuhören.

Achten Sie darauf, worüber der Mann redet. Wenn Sie sich auf eines verlassen können, dann darauf, dass sich Männer vollständig vorstellen und das in recht kurzer Zeit, wenn man sie nur zu Wort kommen lässt – allerdings nur am Anfang. Nach dem ersten Feedback seitens der zugetexteten Frau checken Männer nämlich ab, ob sie in der angefangen Art weitermachen sollen oder nachkorrigieren müssen. War das Feedback zu sehr entlarvend, ziehen sich die Männer zurück.

Kluge Frauen finden wir eher doof.

Speziell Männer reden zu gern über sich, weil sie intuitiv wissen, dass man mit Worten am besten Eindruck machen kann (mit Taten ist das immer gleich so aufwendig).

Also, lassen Sie ihn reden und vertrauen darauf, «dass die Zunge immer dahingeht, wo es wehtut.» Der verplappert sich schon, ohne es zu merken.

> *Sie dürfen die ankommenden Informationen nur nicht während des Zuhörens filtern. Denn die entscheidenden Nachrichten lassen Männer am liebsten in Nebensätzen raus,*

etwa so: « … blablabla, vielleicht bin ich auch nur beziehungsunfähig», oder « … ich hab' Angst, dass … » etc. Also die wichtigsten Infos kommen immer nach dem Komma. Das hat den Vorteil, dass Frau es nicht als Hauptmotiv einstuft (und dann die Flucht ergreift) und Man(n) sich später prima darauf beziehen kann mit Sätzen wie: «Ich hab Dir ja gesagt, dass ich beziehungsunfähig bin.» Sollten Sie eine angeborene Schwäche für Statistik haben, nutzen Sie sie. Zählen Sie, wie oft er von sich, seiner Ex, seinem Leben oder von Ihnen spricht. Ermitteln Sie dann den Median, also den häufigsten Wert, denn der zeigt an, was ihm am meisten wert ist. (Chi-Quadrat-Tests brauchen Sie aber nicht zu machen; die testen, ob ein Ergebnis auch zufällig zustande gekommen sein könnte.)

Zufälle gibt es nämlich bei Männern nicht. Der Umkehrschluss, dass alles geplant wäre, stimmt aber auch nicht. Wie jetzt? Keine Zufälle, aber auch keine Pläne? Was dann? Antwort: reine Heuristik, zu Deutsch «die Rumprobiermethode» in der speziellen Variante: «Mal gucken, wie sie darauf reagiert!» Wenn Sie jetzt glauben, doch noch eine Logik in allem zu sehen, begeben Sie sich in die gleiche Gefahr wie ein Wassersuchender, der eine Fata Morgana als richtungsweisend interpretiert.

Umgekehrt, wie groß ist Ihr Risiko, wenn Sie ihm garnix glauben und einfach nur abwarten, was er tut?

Machen Sie es dann aber genauso wie das Finanzamt: Bewerten Sie nicht, was er tut, sondern nur, ob er es nachhaltig tut und wie viel dabei rumkommt. Und danach richten Sie ihre Reaktionen aus. Und wenn er auf die Idee kommen sollte, vorher zu erfragen, wie eine Reaktion ausfallen würde – etwa: «Was würdest Du sagen, wenn ...» – antworten Sie auch wie das Finanzamt: «Mach' erstmal, wir schauen dann hinterher wie wir das Ganze bewerten.» Ich seh' schon, beim nächsten Mal muss ich Ihnen noch etwas mehr zu diesem Thema erzählen. In der Zwischenzeit vergessen Sie nicht: Nur Zuhören, Lächeln und ihn reden lassen.

Der gebrauchte Mann – und seine versteckten Mängel

Lieber Leserin, auch wenn Sie einem Mann aufmerksam zuhören, findet sich die verlässliche Antwort auf die Fragen: «Hat er sich (end-) gültig getrennt? Ist er bereit, willens und fähig für eine Beziehung mit mir?» leider nicht in einem seiner Sätze. Die könnten ja auch auswendig gelernt sein. Die Antwort finden Sie auch nicht bei den sichtbaren Merkmalen – die könnten aufgeklebt oder antrainiert sein. Es geht um das Prüfen auf versteckte Mängel massiver Art. Klingt wie «Gebrauchtwagenkauf»?

Die Anschaffung eines gebrauchten Mannes ist wie ein Gebrauchtwagenkauf!

Hier wie da gilt: Probefahren und auf Klappergeräusche achten! Wobei es hier eigentlich ‚Plappergeräusche' heißen muss; achten Sie darauf, worüber der Mann redet. Wenn man schon die Parallele zum Gebrauchtwagenkauf zulässt, wird vieles deutlich. Der Lack ist in beiden Fällen meistens okay. Kleine

Kratzspuren kann man tolerieren. Aber was ist mit sichtbaren Beulen? Nicht so schlimm? Haben schließlich alle?

Naja, die männliche Seele jedenfalls ähnelt einer Bierdose mehr als einer PET-Flasche,

d. h. das jede heftige Einwirkung wirkt wie ein unelastischer Stoß: Man sieht ne Beule und die springt von selbst nicht wieder raus. Die bleibt drin. Theoretisch könnte man die «von innen» leicht ausbeulen, aber versuchen Sie mal zuerst an die Seele eines Mannes ranzukommen und dann in die Seele reinzukommen, um sie von innen auszubeulen. Das schaffen Sie dann eher bei einer Bierdose. Obendrein können Sie eben nicht zuerst Therapeutin sein und anschließend Nutznießerin einer geglückten Therapie. Wenn Sie einen geknickten Mann nehmen, ihn mühsam wieder aufrichten und lauffähig machen, wird er seine neugewonnene Fähigkeit auch ausprobieren wollen und – weglaufen.

Der Therapeut wird nach der Heilung immer verlassen. Also: Nehmen Sie lieber gleich 'nen Gesunden.

Eben wie beim Gebrauchtwagen – ohne große Beulen und die tragenden Teile nicht verrostet. Rauszufinden, dass es irgendwie rappelt und nicht «rund» läuft, ist leicht. Schwierigkeiten macht das Urteil «Für mich zu schwierig!» Frauen scheinen sich da eher wie Tuning-Experten zu fühlen: «Das krieg ich schon hin, mit der Zeit, mit Verständnis, mit meiner Liebe.»

Liebe Liebes-Tuning-Expertinnen: Mit diesen Eigenschaften können Sie eher einen Trabbi in einen Ferrari tunen, denn der hält still, wenn Sie ihn umkrempeln wollen. Aber selbst, wenn das gelingt, was haben Sie dann? Entweder einen Trabbi, der keiner mehr ist, oder einen Ferrari, der doch kein richtiger ist. Rechnet man noch Kosten und Zeit mit ein, hätte man durch Verzögerung der Anschaffungsentscheidung in derselben Zeit mit Treppeputzen das Geld für einen richtigen Ferrari zusammen.

Bei Männern lohnt es sich immer, die Anschaffungsentscheidung hinauszuzögern

(und nochmal 'nen Testlauf dranzuhängen), denn mehr als Fein-Tuning kriegen Sie bei einem Mann nicht hin, was aber bei massiv vorgeschädigten keinen erlebbaren Unterschied bringt. Die Grundausstattung muss also bereits am Anfang stimmen.

Schwieriger wird es bei den versteckten Mängeln an tragenden Teilen. Da gibt es nur eine verlässliche Prüfmethode: den Stresstest. Sie müssen einen Mann belasten, um herauszufinden, wie stabil der in seinem vorgetragenen Wollen ist.

> **Eins ist sicher beim Stresstest:**
> **Die Falschen hauen gleich ab.**

Der ist natürlich aufwendig und kommt in der zeitlichen Reihenfolge auch eher zum Schluss. Anfangs reichen die Tests durch Zuhören. Beispiel: Sie fragt versteckt in Richtung: «Liebst Du mich?» Er antwortet: «Du bist mir nicht egal.» Ja super. Meine Steuererklärung ist mir auch nicht egal, aber liebe ich die deshalb gleich? Oder: «Ich muss erst für mich klarkommen, aber ich möchte Dich nicht verlieren.» So antworten Optionensammler.
Das ist so männlich-sexy wie ein Porsche mit Einparkhilfe.

> **Sie dürfen einen Mann nicht unter**
> **allen Umständen haben wollen, sonst**
> **kriegen Sie ihn nämlich unter allen**

*Umständen. Und die werden Ihnen
nicht gefallen.*

Sollte aber in Ihnen das Gefühl keimen, dass
Sie eigentlich was Besseres verdient haben –
stehen Sie zu Ihren Gefühlen. Hören Sie auf
seine Worte und auf Ihren Bauch. Und miss-
trauen Sie Ihren Tuning-Fähigkeiten! Ziehen
Sie sich zurück. Dann sind sie gleich beim
ultimativen Stresstest. Wenn er anfangs nicht
bereit ist, sich um Sie zu mühen, wird er es in
Zukunft erst recht nicht sein.

 *Danksagung*

Das Buch wäre nie entstanden, hätte es nicht die vielen tausend Frauen gegeben, die mit mir gesprochen haben. Ihre Art zu fragen, war für mich als Mann einfach nur erstaunlich – dass man bei so simplen Exemplaren, wie uns Männern, soviel Komplexität in deren Handeln vermuten kann!? Deshalb gilt in erster Linie mein Dank all diesen Frauen.

Ich danke Jochen Reinecke, dem Chefredakteur der Zeitschrift *Zukunftsblick*, für seine ermutigenden Feedbacks zu meinen Kolumnen und seiner Initiative, daraus dieses Buch entstehen zu lassen.

Mein besonderer Dank gehört aber meiner Frau. Sie hatte entscheidenden Einfluss darauf, dass aus diesem Buch kein soziologisch-psychologischer Schinken wurde. Wenn sie nicht mindestens einmal beim Lesen eines Entwurfs schmunzeln musste, hieß das für mich: durchgefallen, ab zurück ins Büro und neu machen.

So hart kann Partnerschaft sein.